실락원

현대수필가100인선 · 29

실락원

윤모촌 수필선

좋은수필사

■ 책머리에

　수필은 누구나 부담 없이 읽고, 마음만 먹으면 직접 쓸 수도 있는 가장 친근한 문학이다. 다른 영역의 문학이 영상매체에 밀려 신음하고 있는 중에도 수필 인구만은 날로 증가하여 바야흐로 수필 전성시대를 구가하고 있는 이유도 거기에 있을 것이다.

　시대적 추세에 힘입어 수많은 수필전문지, 수필동인지가 창간되고, 이에 비례하여 신진 수필가도 날로 늘어나다 보니 이제는 그 많은 작가, 그 많은 작품 중에서 문학성 높은 작품을 가려 읽는 일이 쉽지 않게 되었다. 이런 현상은 작가에게나 독자에게나 결코 바람직한 일이 아니다. 더 나아가서는 수필을 연구하는 후세들에게도 큰 부담이 될 것이다.

　이런 문제를 해결하는 데는 출판인도 마땅히 한몫을 감당해야 한다는 평소의 소신에 따라, 본사가 기꺼이 그 역할을 맡기로 했다. 그 첫 번째 사업으로 시대를 대표할 만한 수필가 100인을 선정하고, 작가가 자선한 40편 내외의 작품을 수록한 문고본을 발간하여 이를 널리 보급함으로써 그 소임을 다하고자 한다.

　본사는 사명감을 가지고 이 사업을 추진해 나가기로 했다. 작가 선정을 전담할 편집위원회를 구성하고 전권을 위임하여 일체의 사적인 정실이나 청탁을 배제함으로써 전문성과 공

정성을 확보해 나갈 것이다.

  따라서 이 기획물 속에는 작가의 문학정신뿐만 아니라, 본사의 문학사적 기여 의지와 편집위원 제위의 수필문학에 대한 애정과 문인으로서의 양심이 함께 담겨 있음을 자부한다. 다만, 작가를 선정하는 기준에는 많은 견해의 차이가 있을 수 있고, 선정 과정에서도 미처 챙기지 못한 부분이 있을 것이라는 사실만은 인정하지 않을 수 없다. 이 점에 대해서는 관계자 여러분의 양해 있으시기 바란다.

  이 시리즈의 발간 순서는 작가, 또는 본사의 사정에 의한 것일 뿐 그 밖의 어떤 기준도 적용하지 않았음을 밝힌다.

  본 기획물이 시대를 초월한 많은 수필 애호가들의 관심과 애정 속에 우리나라 수필문학 발전에 한 이정표가 되기를 바랄 뿐이다.

2008년 8월

좋은수필 발행인   서 정 환
현대수필가 100인선 간행 편집위원 박 재 식   최 병 호
                          정 진 권   강 호 형
                          변 해 명

| 차례 |

1_부

오음실주인 • 12
식자우환識字憂患 • 17
돈 • 22
산마을에 오는 비 • 26
다시 그려보는 얼굴 • 29
정신과로 가야 할 사람 • 33
아낙군수 • 37
홍은동弘恩洞 참새 • 41
눈 내리던 날 • 45
반벙어리의 여운餘韻 • 48

2_부

아래향夜來香·54
떠날 줄 모르는 여인·57
세한도·60
주은규朱銀圭의 결혼·62
어머니·68
왕골자리·72
부끄러운 젊음·76
소서재小書齋·79
권태·82

3_부

옛 향기 산책•86
가벼운 서가書架의 무거운 책•91
귀뚜라미 우는 소리•95
나지막한 집을 그리며•98
도둑•101
삭막해져 가는 가슴•104
목척다리 아래 물은 흐르고•108
미망迷妄의 계절 자락에•112
할아비와 손자•116

4_부

- 5시간 속의 50년 • 122
- 자존심 • 128
- 꿀과 꽁보리밥 • 132
- 촌모씨의 하루 • 136
- 글과 사람 • 140
- 시인 임종국林鍾國 • 145
- 친구에게 • 149
- 수필인의 격格 • 152
- 실락원失樂園 • 158

■ 작가연보 • 161

1부

오음실주인

식자우환識字憂患

돈

산마을에 오는 비

다시 그려보는 얼굴

정신과로 가야 할 사람

아낙군수

홍은동弘恩洞 참새

눈 내리던 날

반벙어리의 여운餘韻

오음실 주인梧陰室 主人

 내 집 마당가엔 수도전水道栓이 있다. 마당이라야 손바닥만 해서 현관에서 옆집 담까지의 거리가 3미터밖에 안 된다. 그 담 밑에 수도전이 있고, 시골 우물가의 정자나무처럼 오동나무 한 그루가 그 옆에 서 있다.

 이른 봄 해토解土가 되면서부터 가을까지, 이 수둣가에서 아내는 허드렛일을 한다. 한여름에는 온종일 뙤약볕이 내려 적지않은 고초를 겪어 왔다. 좁은 뜰에 차양을 할 수도 없어서 그럭저럭 지내 오던 터에, 몇 해 전 우연히 오동나무 씨가 날아와 떨어져 두 그루가 자생自生하였다. 처음에는 어저귀싹 같아서 흔하지도 않은 웬 어저귀인가 하고 뽑아 버리려다가, 풀도 귀해서 내버려 두었다. 50센티 가량 자랐을 때야 비로소 오동임을 알았다. 이듬해 봄에 줄기를 도려 냈더니 2미터 가량으로 자라, 한 그루는 자식놈 학교에 기념 식수감으로 들려 보냈다.

오동은 두어 번쯤 도려 내야 줄기가 곧게 솟는다. 이듬해 봄에 또 도려냈더니 3년째에는 훌쩍 솟아나서, 대인大人의 풍도風度답게 키[箕]만큼씩한 큰 잎으로 그늘을 드리우기 시작했다. 올해로 5년째, 그 수세樹勢는 대단해서 나무 밑에 서면 하늘이 보이지 않는다.

나무의 위치가 현관에서 꼭 2미터 반 지점에 서 있다. 잎이 무성하면 수돗가는 물론이고, 현관안 마루에까지 그늘을 드리워 여름 한철의 더위를 한결 덜어 준다. 한 가지 번거로움이 있다면, 담을 넘어 이웃으로 벋는 가지를 쳐 주어야 하는 일이다. 더위가 한창인 8월에도 처서處暑만 지나면, 가지 밑의 잎들이 떨어져 내린다. 그래서 이웃으로 벋은 가지를 쳐주어야 하는데 그럴 때마다 짐짓 오동나무가 타고난 팔자를 생각하게 된다. 바람을 타고 가던 씨가 좋은 집 뜰을 다 제쳐 놓고, 하필이면 왜 내 집 좁은 뜰에 내려와 앉았단 말인가.

한여름 낮 아내가 수돗가에서 일을 할 때면, 오동나무 그늘에 나앉아 넌지시 얘기를 건넨다. 빈주먹인 내게로 온 아내를 오동나무에 비유하는 것이다.

"오동나무 팔자가 당신 같소. 하필이면 왜 내 집에 와 뿌리를 내렸을까."

"그러게 말이오. 오동나무도 기박한 팔자인가보오. 허지만 오동나무는 그늘을 만들어 남을 즐겁게 해주지, 우리는 뭐요."

"남에게 덕을 베풀지는 못해도 해는 끼치지 않고 분수대로 살아가는 것이 아니겠소."

구차한 살림속에서 오동나무의 현덕玄德만큼이나 드리워진 아내의 그늘을 의식한다.

이전에 함께 학교에 있었던 S씨의 말이 나이들수록 가슴으로 젖어든다. 고된 일과를 마치고 막걸리잔을 나누던 자리에서, 그는 찌든 가사家事 얘기 끝에 아내의 고마움을 새삼스레 느낀다고 하였다. 여러 자녀를 데리고 곤히 잠들고 있는 주름진 아내를, 밤 늦게 책상머리에서 내려다보면 미안한 마음뿐이더라고 했다. 나잇살이나 먹으니 내조內助가 어떤 것인가를 알겠더라며 그는 헤식게 웃었다. 진솔眞率한 그의 고백이 가슴에 와 닿는 게 있어, 점두點頭를 했던 일이 오래 전 일이건만 어제 일 같다.

언젠가 충무로를 걷다가, 길가에 앉아 신기료 장수에게 구두를 고치고 있는 중년 여인을 본 일이 있다. 그 여인상이 머리에서 지워지질 않는다. 거리에서 구두를 고치던 중년이 돋보이는 내 나이―생활이란 것이 무엇인가를 조금은 알 듯하다. 내게로 온 이래 손톱 치장 한번 한 일 없이 푸른 세월 다 보낸 아내를 보면, 살아가는 길이 우연처럼 생각난다. 세사世事는 무릇 인연으로 맺어지는 것이라 하던가, 남남끼리 만나 분수대로 인생을 가는 길목에, 오동나무 씨가 날아와 반려가 된 것도 그런 것이라 할까.

좁은 뜰에 나무의 성장이 너무 겁이 나서 가지끝을 잘라 주었다. 여남은 자 가량으로 키는 머물렀지만, 돋아나온 지엽枝葉이 또 무성해서 지붕을 덮는다. 이 오동의 천수는 예측할 수 없고, 내가 이 집에 머무는 한은 그늘 덕을 입게 될 것이다. 이사를 하게 되면 벨 생각이지만, 오동은 벨수록 움이 나와 다음 주인에게도 음덕陰德을 베풀 것이다.

요새 사람들은 이재理財에 밝아 오동을 심지만, 선인先人들은 풍류로 오동을 심었다. 잎이 푸를 때는 그늘이 좋고, 낙엽이 지면 빈 가지에 걸리는 달이 좋다. 여름엔 비 듣는 소리가 정감을 돋우고, 가을 밤엔 잎 떨어지는 소리가 심금을 울린다.

오엽梧葉에 지는 빗소리는 미상불 마음에 스민다. 병자호란 때 강화성江華城이 떨어지자 자폭한 김상용金尙容 그분은, 다시는 잎 넓은 나무를 심지 않겠다 하고, 오엽에 지는 빗소리에 상심傷心과 장한長恨을 달랬다 한다.

달은 허공에 떠 있는 것보다 나뭇가지에 걸렸을 때가 더 감흥을 돋운다 하였지만, 현관문을 열고 나서면 나뭇가지에 와서 걸린 달이 바로 이마에 와 닿는다. 빌딩가街에 걸린 달은, 도심의 소음 너머로 플라스틱 바가지처럼 보이지만, 내 집 오동나무에 와 걸리면 신화와 동화의 달로 되돌아간다. 그리고 소녀의 감동만큼이나 서정의 초원을 펼쳐 주고, 어린 시절의 고향을 불러다 준다.

선조 때 문신에 오음梧陰이라고 호를 가진 분이 있다. 그의 아우 월정月汀과 더불어 당대의 명신名臣으로 불리던 분이다. 호는 인생관이나 취향에 따라 짓는 것이라 하지만, 아우되는 분의 월정에선 재기가 번득이고 감상적이며, 맑고 가벼운 감이 있으나, 오음에서는 중후하고 소박하고 현묵玄黙함을 느끼게 한다. 두 분의 성품이 그랬는지는 알 수 없으나 오음 쪽이 깊은 맛이 난다. 내 집 오동나무의 그늘을 따서 나도 오음실주인梧陰室主人쯤으로 당호堂號를 삼고 싶지만, 명현名賢의 이름이나 호를 함부로 따 쓰는 법이 아니라고 한 할아버지의 지난 날 말씀이 걸려 선뜻 결단을 못하고 있다.

처서까지 오동은 성장을 계속해서, 녹음은 한껏 여물고 짙어진다. 음 7월을 오추梧秋 또는 오월梧月이라고 부르는 뜻을 알 만하다. 옛부터 오동은 거문고와 가구재家具材로 애용되고 있는 것은 누구나가 알고 있는 일이다. 편지에 쓰이는 안하案下니 하는 글자 외에도, 책사 옆이라는 뜻으로 오우梧右 혹은 오하梧下라고 쓰는 것을 보면, 선인들은 으레 책상을 오동으로 짠 것 같다. 동재桐材가 마련될 때는 친구에게도 나누어서 필통도 깎고 간찰簡札 꽂이도 만들어 볼까 한다.

무료하면 오동나무를 쳐다보게 되고, 그럴 때마다 찌든 내 집에 와 뿌리를 내린 오동나무가 그저 고맙기만 하다.

(1979)

식자우환識字憂患

 어줍지 않은 글을 쓰게 되자, 내 필명筆名이 어려운 글자이니 고치라고 하는 이가 있다. 모牟도 그렇고 촌村의 옛글자 邨도 흔하게 쓰는 글자가 아니다. 기왕에 '촌'을 쓰기로 한다면 알기 쉬운 '村'을 쓰는게 어떠냐고 하지만, 아닌게 아니라 웬만한 자전에는 邨자가 수록돼 있지도 않다.

 당초 당선 작품에 썼던 이윤伊耘을 牟邨으로 고칠 때, 문화부 기자가 왜 그렇게 어려운 글자만을 쓰느냐고 했다. 그도 그럴 것이 신문사에서 보내 온 시상통지 겉봉엔 한글로 윤모순이라고 적혀 왔는가 하면, 미지의 독자로부터는 윤모춘, 윤비둔, 윤발촌, 윤모천, 윤모돈이라고 해온다. 담당기자의 말을 들으니, 대체 자전字典에도 없으니 무슨 글자냐는 문의 전화가 많았다고 한다. 하찮은 필명으로 이토록 여러 사람에게 폐를 끼치게 된 것은 미안한 일이다.

내가 모촌을 필명으로 쓰기 시작한 것은 25,6년 전의 일이 된다. 교육 잡지·주간지 등에 독자투고를 하면서 쓴 것인데, 늘 전원서경田園抒景이 좋아, 보리가 패고 소가 우는 마을 一牟邨으로 자작한 것이다. 그런데, 애초의 村을 邨으로 바꾼 것은 몇 해 전에 있었던 월간 서예지 지우회원전誌友會員展에서 고자古字가 좋겠다는 의견이 있었는데다가, 邨자의 호를 가진 석촌石邨의 인품에 매료되어 바꿔 쓰기로 한 것이다.

석촌은 한말 고종 때 예조 이조판서를 지냈고, 법부탁지·내부 등 대신의 명을 10여 차례나 받았으나, 한번도 그 직을 수락하지 않은 윤용구尹用求 그 분이다. 나라가 망한 후에는 일본이 주는 작위爵位도 받지 않고, 지금의 장위동으로 나가 은거를 하면서 서화를 벗하며 지냈다 한다. 그래서 그분의 서화에는 장위산인獐位山人이라는 호도 보인다.

글자가 의사 전달의 기호이고 보면, 알기 쉽고 쓰기 쉬워야 하는데, 한자는 그 수가 많고 어려워서, 어려운 글자를 쓰면 유식한 것으로 안다. 한문에 능하지 않고서는 어려운 글자를 알기란 쉽지가 않는데, 내가 그렇다는 것이 아니라, 내 필명의 경우는 그저 취향에 맞는 글자를 찾아 쓴 것 뿐이다.

나는 다른 글에서도 말한 적이 있지만, 어려운 글자의 이름을 가지면 조상덕에 글깨나 배운 탓이라고 빈축을 사기도 한다. 인간은 생활을 편리하게 하자고 문자를 만들어 냈으나, 오늘에 와서는 오히려 그것이 불행하다는 생각을 하게 할 때가 있다. 우리는 지금 그런 문자의 역기능 속에서 살아가고 있지 않은가. 글자로 해서 불행을 안게 된다는 것은 참으로 인간만이 지니는 불행이 아닐 수 없다. 식자우환識字憂患이란 말은 이래서 생겨난 것이지만, 사람이 문자를 알게 되면 걱정이 따른다는 뜻이다.

부모덕에 글깨나 배운 자가 있었다. 처가엘 갔다가 장인이 호랑이에게 물려가는 것을 보고, 마을 사람들에게 구원을 청했다.

"원산대호遠山大虎가 자근산래自近山來하여, 오지장인吾之丈人을 착거捉去 하니, 유창자有槍者는 지창이래持槍以來하고, 유궁자有弓者는 지궁이래持弓以來하고, 무창무궁자無槍無弓者는 지봉이래持棒以來하여 오지장인을 구지救之하렸다."

이렇게 외쳤지만 마을 사람들이 알아들을 리 만무했고, 장인이 호랑이 밥이 된 것은 말할 것이 없다. 이 말을 풀어 본다면, 먼 산 호랑이가 가까운 산에서 나와 내 장인을 물어가니, 창을 가진 사람은 창을 들고 나오고, 활을 가진 사람은 활을 가지고 나오고, 창도 없는 사람은 몽둥이를 들고 나와 내 장인을 구해라 한 것이다.

이 소식을 듣고, 원이 그 자를 잡아다가 꾸짖으며, "네 이놈! 또 그런 문자를 써서 불효를 저지를 테냐."하고 볼기를 쳤다. 그랬더니 그의 입에선 또 다음과 같은 말이 튀어 나왔다. "아야둔야我也臀也, 갱불용문자호更不用文字乎 - 아이쿠 볼기야, 다시는 문자를 쓰지 않겠습니다."

볼기를 치다말고 원은 탄식하면서 "식자우환이로다." 했다 한다. 누가 지어낸 말인지 지식인을 잘 비꼬았다.

처음에 나는 한글로 '모촌'이라 쓰기도 했다. 그 때 소설가 오영수吳永壽 선생이 소설집을 주면서, 내게 묻지도 않고 '모촌茅村'이라고 써주었다. 이와는 달리 지방의 모인은 편지를 보내면서 봉투에 큼직하게 毛村이라고 해 왔다. 난데없이 '털난 마을'로 변한 필명을 들여다보면서 혼자 웃었다. K출판사 부사장이 책을 주면서 역시 毛村이라고 적어 주었다.

앞의 모촌茅村은 써준 분의 안식이 드러나 좋은 호가 될 수도 있으나 조금 어렵고, 후자는 많은 사람이 쉽게 아는 글자를 쓴 셈이다. 그러고 보면 많은 사람이 알 수 있다는 점에서, '털난 마을'이 좋은 필명인지도 모르겠다.

내가 쉬운 글자를 두고도 어려운 글자를 쓰는 것은 쓸데없는 고집이다. 많은 사람에게 알리기 위해서라도 쉬운 글자를 쓰라고 하는 이가 있다. 하지만 이름 알리는 일이 무슨 대수로운 일인가. 완당阮堂은 추사秋史라고 해야 사람들이 더 잘 알지만, 그 분은 2백도 넘는 호를 썼다고 한다. 때와 처소에 따라 즉흥적으로 지어 쓴 것 같은데, 사람들이 호는 몰라봐도 글씨로 완당을 알았을 터이니, 그 분은 자신의 호에 집착할 필요가 없었던 모양이다.

  나도 허욕을 부린다면 필명 따위에 집착할 필요없이, 문장만으로도 남이 알아볼 수 있는 글을 썼으면 한다. 그렇게 된다면 필명 따위가 무슨 상관이겠는가. 어려운 글자를 고집하는 내 필명도 '식자우환'이다

(1979. 5)

돈

2차대전 후 강대국의 예속에서 독립한 나라들은, 후진국이란 꼬리표에다 으레 연상케 하는 것이 하나 더 있다. 걸핏하면 벌이는 쿠데타이다. 엎치락뒤치락하는 정변에서 쫓겨내고 쫓겨나고 하는 것을 보면, 마치 치기어린 아이들이 벌이는 놀음판이다. 권좌에 앉는 구실이 민생民生을 위한다는 것이지만, 잿밥에 눈독을 들인 지도자의 그 나라 백성들이 측은할 뿐이다.

권좌와 부귀영화는 같은 뜻으로 이어지는 말이나, 돈에 얽힌 부정적인 면은 어느 때고 있어 오는 얘기이다. 한 나라의 정권이 무너지는 이면에는, 그래서 동서東西가 한가지로 돈에 기인하고 있음을 보인다. 재물에 따르는 영욕의 그 얼룩들을 바라보면서, 돈이란 대체 무엇인가 생각해 볼 때가 있다.

돈은 벌 때보다도 쓸 때가 어렵다고 한다. 그래서 제 돈을 쓰면서도 지탄을 받는데, 이것은 옳게 쓰는 사람이 있다는 반증이기도 하다. 깨끗이 벌어서 빛나게 쓰는 사람이 흔하지 않은 까닭에, 재떨이와 부자는 쌓일수록 더럽다는 속담도 있다. 그러나 욕을 먹는 한이 있어도 부자가 돼 보고 싶어 하지 않는 사람은 없다. 그런 사람이 부자가 되는 비결을 학자에게 물었다.

"큰 부자가 돼 보고 싶은데 어찌하면 되겠습니까."

학자는 쉬운 일이라고 대답했다.

"한 다리를 들고 오줌을 누시오."

사람이 그런 자세로 오줌을 눌 수는 없다.

"한 다리를 들고 오줌을 누라니요. 그건 개가 아닙니까."

"그렇소. 개가 되는거요. 사람다우면 큰 부자는 될 수 없소."

학자의 대답이 옳은가의 여부는 고사하고, 돈을 벌자면 남다른 데가 있어야 한다는 것만은 부인할 수 없다.

고종 때 박朴떠돌이라는 사람이 있었다. 무식했으나 하루아침에 부자가 됐다. 박모 대신大臣의 눈에 들어 궁내부宮內府 주사가 된 그는 돈 벌 연구를 했다. 낚시 거루만한 헌 짚신 한 켤레를 유리병 알콜에 넣어, 사무실 구석에 모셔놓고 날마다 그것에 절을 했다. 모오리스라는 영국인이 그것을 보고, 그토록 위해 바치는 까닭이 무엇이냐 물었다.

박떠돌이는 아무 소리 말라며, 조상 대대로 전해오는 가보家寶 — 박혁거세朴赫居世가 신던 짚신이라 했다. 모오리스는 귀가 번쩍 띄었다. 옳지! 대영大英박물관의 소장所藏감이다. 본국으로 가져가면 한몫 볼 것이 틀림없다 - 몸이 단 모오리스가 1만 달러까지 주마고 했다. 박은 못이기는 체하고 내주어 벼락부자가 되었다.

이즈막에 재벌이란 말의 사용 빈도가 잦아졌다. 81년도(작년)수치數値로 GNP가 1인당 1,600 달러를 넘어서고 있다 한다. 이러한 숫치는 후진국인 우리가 가난을 벗은 것이라고 한다. 그러나 돈과 인연이 먼 사람에겐 여전히 인연이 먼 얘기에 불과하다. 아직도 한자리 술값에도 못미치는 절대 생계비가 모자란다는 도시 근로자의 임금에 대한 시비가 인다. 편재하는 부富를 사회에 되돌려야 한다는 소리가 들리기도 한다. 그러나 이러한 풍요 속에서 '헌탕주의' 의식은 대낮에도 흉기를 들고 고개를 든다.

돈이란 대체 무엇인가. 최선의 주인이며 최악의 주인이라고 한 사람이 있다. 돈은 쓸 때가 더 어렵다는 것을 일깨운 말이다. 속 빈 자의 주머니 속에 들어가면 오장육부를 뒤집어 놓는 것이 돈이다. 실업가도 아니고 상인도 아닌 사람이, 권력형으로 수십 억 수백억을 쌓아 놓았다는 얘기는, 돈에 대한 사람의 속성을 말해 준다.

중국대륙을 통치하던 장개석蔣介石이 본토에서 밀려난 것은 바로 돈의 부덕不德 때문이었다. 2차대전 때 원조국의 무기가 암시장으로 먼저 나돌고, 상해上海에는 외국어를 상용하는 특

수 부유층 대문 앞에, 자고 일어나면 굶어죽는 자가 생겼다. 종전終戰 후 이런 외신보도를 읽은 적이 있지만, 돈이 최악의 주인이었음을 보여 준 예다.

돈은 오물과 흙 같다錢本糞土고 한 선인들의 말을 보아도, 돈의 악덕惡德은 예부터 있어 온다. 아첨하는 자는 돈이 모이지 않는 것을 근심한다고 한, 장자莊子의 경구警句라든가, 문신文臣은 돈을 사랑하지 않고, 무신武臣은 죽음을 아끼지 않는다고 한 것은, 돈의 무용론無用論을 말한 것은 아니다. 부덕不德을 경계한 것뿐이다.

나는 반생을 가난뱅이로 살아가고 있으면서도, 부자가 돼 보려는 생각은 해 본 일이 없다. 가난을 핑계 삼는 말이 되지만, 내게 당해선 허황되고 부질없는 생각이기 때문이다. 지금까지의 얘기대로 부자는 아무나 되는 것이 아니다. 돈 없이는 살아갈 수 없다는 것을 모르는 것도 아니지만, 한 다리를 들고 오줌을 누면서 돈 벌 생각은 할 수가 없었다.

(1979. 6)

산 마을에 오는 비

 길을 가다 비를 만나게 되면 나무나 추녀 밑으로 들어가 긋게 되는데, 아무래도 젖게 마련이다. 어쩌다 동성同姓인 남자 우산 속으로 들어가고 싶어도 용기가 안 나고, 여자 우산 속으로는 더더구나 들어설 수 없다. 이쪽에서 우산을 받고 갈 때도 그래서, 여성을 불러들이자니 이상 한 눈으로 볼 것이고, 남자를 들이려 하다가도 선뜻 내키지 않아 피차가 그대로 간다. 이것은 서로가 옹졸한 탓이다.
 아이들 가운데는, 물독에 빠진 쥐처럼 비를 맞으며 쏘다니는 아이가 있다. 심리학에 의하면 이것은 욕구불만의 증상이라 한다. 기쁨이나 슬픔 따위로 충격 상태에 있을 때가 그러하다는 것인데, 나도 비가 오면 공연히 마음이 들뜨곤 하던 때가 있다. 육친과 남북으로 갈린 쓰라림이 그렇게 했던 모양이다.

광복 다음 해, 그해 여름은 한달 내내 비가 내렸다. 지금같이 여행도 생각할 수 없는 때여서, 하숙을 하던 산마을 사랑방에서 하는 수 없이 한 달 동안을 갇혀 지냈다. 흙내가 나는 방이었지만, 주인 영감이 군불을 넣어주곤 해서, 부숭부숭하게 지낼 수가 있었다. 그는 담뱃대에 부싯돌을 쳐서 불을 붙여 물고는, 객지에서 몸이 성해야 한다면서 한사코 나를 아랫목으로 다가 앉으라 하였다. 내가 신세를 지던 그 농가는 유천柳泉 화백의 그림에서 볼 수 있는 그런 초가이다.

  여남은 집 모여 사는 산촌에 진종일 내리던 비가 너누룩하면, 장닭의 목청이 유장悠長하게 들린다. 저녁을 짓는 안채의 부엌에서, 젖은 보릿짚 때는 소리가 요란해진다. 보릿짚을 땔 때는 덜 털린 보리 알이 튀는 소리가 난다. 연기가 마당으로 기어 퍼지고, 마을의 추녀마다 모연暮煙이 감돌면, 앞산 허리에는 자하紫霞의 띠가 둘린다. 산마을에 내리는 비의 정情은 이래서 운치의 극을 이룬다.

  서울에 와 살게 되면서 나는 비오는 날의 그런 서정과 소원해졌다. "미도파에 비는 내리는데…"하고 서울의 우정雨情을 노래한 시가 있으나, 나는 서울의 빌딩에 내리는 비에 정을 못 느낀다. 비는 옛날이나 지금이나, 고달픈 사람과 연인과 시인에게 고독과 시름과 아름다운 회상을 안겨준다. "거리에 비 오듯이 내 마음속에 눈물 비 오네…"하고 서구西歐의 시인은 노래했지만, "밤비 내리는 어둠 속에 나무 열매 떨어지는 소리. 고요한 등불아래 우는 풀벌레 소리여 雨中山果落 燈下草虫鳴"하고 동양의 시인은 자연속에서 시심을 노래했다.

비오는 날의 연인의 우산 속은 감미롭다. 아무도 없는 산길 우산 속에서, 지난날 나는 좋아하는 사람의 손목 한 번을 잡아보지 못하고 함께 우산을 받았다. 요새는 곁에 사람이 있어도 거리낌이 없는 젊은이들을 본다.

한자용어에는 우雨자를 쓴 말이 많다. '우'자를 붙이면 만들어지는 말이 또 많다. '우촌雨村'은 글자대로 비오는 마을이다. 평범한 이 말이 자전字典에 올라 있는 까닭을 생각해 본다. 이 말에는 선인들의 풍류가 들어 있음을 알 수 있다. 아련한 연하 烟霞 속에 잠긴 마을 – 그 수묵색운水墨色韻에 숨어 있는 마을이 우촌이다.

농촌 사람들은 봄비는 잠비요 가을비는 떡비라고 했다. 그러나 지금은 그 춘곤春困을 풀어주던 봄비가, 낮잠을 자게 하는 여유의 구실을 하지 않는다. 비닐 하우스로 삶의 내면이 각박해져 가는 농촌 인심 – 울타리와 사립문 대신 시멘트 블록담이 높아진 농촌에는, 지난날의 빗소리가 주던 서정이 사라졌다. 객지에서 몸 성해야 한다며, 나를 아랫목으로 앉히던 늙은 농부의 정 – 산 마을엔 지금도 비가 올 테지만, 마음을 적시던 그 노농老農의 인정人情의 비를 맞고 싶다.

(1979. 8)

다시 그려보는 내 얼굴

 거울 가게 앞에 비친 얼굴을 보고, 내 얼굴이 초라한 것을 의식하면서 걸을 때가 있다. 거울 속 얼굴이 많은 사람과 비교가 된다. 글 쓰는 사람 가운데는 자기의 글만큼 얼굴에도 마음을 쓰는 이가 있음을 보게 되는데, 주름이 잡혔을 나이에 젊은 시절의 얼굴을 내 보내는 심경心境을 알듯하다.
 나는 내 용모가 잘 나지 못한 것을 자인한다. 그렇기 때문에 길을 가다가 남의 시선을 느꼈을 때는 무엇이 묻었나 싶어, 손을 들어 훑어볼 때가 있다. 그리고 나서, 얼마나 볼품이 없으면 시선을 끌었을까 하는 생각에 사로잡히기도 한다.
 거울을 내려 놓고 찬찬히 들여다 본다. 눈에 띄는 데라고는 한 군데도 없다. 준수俊秀하지 않으면 엄장嚴壯하다든가, 청초淸楚하지 않으면 소탈疏脫한다든가, 대추나무 방망이처럼 아무지지 않으면 언틀민틀이라도 해야 할 터인데, 어느 한가지에도 당치가 않다. 여자가 아니니 화용월태花容月態란 말은 닿지 않고, 그렇다고 선풍도골仙風道骨은 더더구나 당치 않으니 말할 거리가 없다. 코 하나만 잘 생겨도 복이 있다는데 그런 복도 없다.

못생긴 얼굴이라 해도, 표정에 따라 달라 보이는 수는 있다. 거울을 앞에 놓고 몇 가지 표정을 지어 본다. 턱을 끌어당기고 다문 입을 에－하고 처뜨려 거드름을 펴본다. 세상은 유들유들해야 살아갈 수가 있는 것이므로, 돼지 주둥이 모양처럼, 입술을 코 밑으로 추켜들고, 세상 하잘 것 없구나 하는 시늉도 해 본다. 이빨을 드러내 이래도 좋고 저래도 좋고, 만사 즐거워서 살맛 난다는 면상面相을 만들어 보기도 한다.

헌데, 이러한 표정들이 도무지 실감이 나지 않는다. 뒤에서 이 꼴을 보던 안사람이 갑자기 무슨 짓이요 한다. 좀 잘나 보이려고 연습 좀 해 보는 거요 하자, 그런 얼굴을 하고 다녀보란다. 성을 내도 아이들이 우습다고 할 볼품없는 얼굴 그대로일 뿐이데, 한 가지 내세울 것이 있다면 이목구비耳目口鼻가 결缺하지 않았다는 것뿐이다.

한쪽 눈이 불구이던 소년이 있었다. 진학進學서류를 받아들고 원서에 붙여진 제 얼굴에 통곡을 하는 것을 보았다. 그 소년을 생각하며 한쪽 눈을 감고, 애꾸눈 형상形象을 해본다. 소년의 아픔에 짐작은 가지만, 소년이 아니고는 그 아픔을 헤아릴 수 없다.

  사람이 이목구비를 갖췄대서 사람일까만, 그래도 사람들은 용모를 내세운다. 인면수심人面獸心, 체면體面, 후안무치厚顔無恥 등 얼굴을 중히 여긴 말들이 그런 것이다. 하지만 허우대 좋고 풍채 있어도, 속에 가리워진 얼굴은 아무도 모른다. 우리는 40년 정치사에서 그런 얼굴들을 많이 보아왔다.

  나는 별다른 얼굴이 아니어서, 장바구니를 들고 다녀도 거리낄 것이 없다. 정치인의 얼굴, 재벌 총수의 얼굴, 교육자의 얼굴, 시인과 예술가의 얼굴, 학자의 얼굴 등 많지만, 그런 얼굴을 그려봐야 내 얼굴로는 되지 않는다.

  1950년대 TV가 처음으로 나왔을 무렵, 엘리자베드 2세 영국 여왕은 크리스마스 연설 때, 그때까지의 라디오 마이크를 바꿔 TV 카메라에 얼굴을 내놓았다. 연설문을 읽는 모델의 필름을 보면서, 가장 마음에 드는 장면의 표정을 취했다고 한다. 생긴 대로의 얼굴 이상으로 꾸며 보이려는 것은 여왕도 마찬가지였던가.

  얼굴에 자신이 없는 내가, 미남이라는 말을 들은 일이 있다. 관상을 볼줄 안다는 친구가 얼굴 바탕이 예쁘다고 한다. 그래서 돈이 붙지 않는다는 얘기이다. 이것은 내 궁상窮相을 듣기 좋게 한 말이다.

  거울을 들여다 보니, 홍안소년紅顔少年 시절에 늙은이 시늉을 하던 장난이 떠오른다. 나지도 않은 수염을 잡아당기는 시늉을 하면서, 입가를 실룩거리던 장난…. 거울에 대고 지금 그 시늉을 해보니, 엊그제 같던 그 시절의 얼굴엔 주름과 자조自嘲만이 가득하다.

(1979. 10)

정신과로 가야 할 사람

― 아침 노래는 저녁 곡소리만도 못하다 했느니라……

 소년 시절에 이런 말씀을 아버지에게서 들었는데, 이 말씀은 아침에 부르는 나의 노래 소리가 듣기 싫어서 하신 말씀이다. 이 말씀의 근거를 잘 모르지만, 지금은 꼭두새벽부터 자정이 넘도록 전파를 타는 대중가요 속에 묻혀 산다. 방송을 차분히 듣자 하다가도 "노래 한 곡 듣죠."가 튀어나와 이내 스위치를 끄게 되고, 이러 저리 다이얼을 돌려 보지만 노랫소리는 마찬가지다. 방송망은 마치 대중가요 때문에 있는 느낌마저 들어, 언제부터 이토록 노래를 즐기는 씨알머리들이 됐을까 하고 짜증스럽기까지 하다.

 노래는 들을 탓이지만, 아침 노래는 아닌게 아니라 곡哭소리만도 못할 때가 있다. 곡이란 죽은 사람의 영전靈前에 우는 것을 말한다. 지난날의 예법으로는, 3년 상을 치를 때까지 아침 저녁으로 상식上食을 드리면서 곡을 했다. 3년을 하다보면 형식적인 것이 되고 말아서, 곡은 우는 것이 아닌 것으로 되고 만다. 이러한 곡소리만도 못한 것이 바로 아침 버스 속에서 듣게 되는 청승조의 노래이다. 대중가요에다 고전 음악을 비길 수는 없는 일이나, 랄로의 스페인 교향곡 같은 것은, 정작 그 흐느끼는 바이얼린의 악음樂音으로 해서 듣게 된다. 그런 현음絃音에 이끌려 바이올린을 배운답시고 하숙방으로 끼고 다니다가 버린 일이 있다.

아침 노래가 저녁 곡소리만도 못하다고는 했지만, 새벽부터 들을만한 것이 없는 것은 아니다. 릴리 폰스의 봄의 소리 왈츠 같은 것은 실상 아침에 들어야 한다. 대중가요도 들을 탓이어서, 때로는 한가한 시간에 귀를 기울이게 하는 것이 있다. '목포의 눈물', '눈물 젖은 두만강' 따위를 따라 부르게 되는 것이 그런 것인데, 경박스런 서양의 경음악과 다르기도 하거니와, 일제 침략 시대를 되새기게 하는 때문이다.

음악은 처소와 시간에 따라 달리 듣게 돼 있고, 그것은 자의自意에 의해 선택돼야 한다. 아무리 명곡이라 해도 자의에 의하지 않으면 고악苦樂일 수밖에 없다. 전철이 개통되기 전, 경인선을 2년 남짓 오르내리면서, 나는 그런 고악에 고역을 치른 일이 있다. 하행 열차가 부평을 지날 즈음이면 으레 불청객이 나타난다. 어린 소년에게 손을 이끌린 맹인, 아랫도리로 바닥을 쓸며 움직이는 신체 부자유자, 갓난아이를 업은 젊은 여인, 그리고 여남은 살짜리 소년 가수 등…….

이들은 한결 같이 노래를 불렀다. 라디오 스위치가 아니라서 끌 수도 없는 차중에 지루한 노래가 이어질 때, 옆자리 중년 사나이 하나가 주화 한 닢을 꺼내들었다. 여인의 노래가 앞에 와 멎자, 주화를 던지며 잘한다고 추임새를 넣었다. 그 옆 사나이에게선 재청이 나왔고, 여인은 다시 노래를 이었다. 눈을 감고 듣는 순간, 흥부전의 한 장면을 떠올렸다. 계수가 권주가를 부르지 않으면 술을 마시지 않겠다고 떼를 쓰던 장면, 판소리 사설 속에나 있음직한 그 냉혈冷血은, 허구가 아닌 사실로 내 옆에서 지금 벌어지고 있는 것이다. 날마다 경인선 차 속에서 이처럼 노래를 들어야 했던 나는, 그로부터 라디오와 TV에서 노래가 나오면 스위치를 끄게 하는 버릇이 붙었다.

인간은 누구나가 자기도 모르는 잠새의식을 지닌다. 강한 자로부터 모멸을 당하면 그 모멸을 다시 약한 자에게로 전이轉移시키는 속성을 지닌다. 그런 것을 연민이라는 베일로 가리고, 스스로를 미화한다. 불구자의 노래 — 구걸하는 자들의 노래를 내가 노래로 받아들이지 못하는 것도 그렇게 미화된 것인지 모른다. 그러나 그들의 노래가 정당한 노작勞作행위라 할지라도, 나는 그들의 노래를 노래로 들을 만큼의 강심장을 지니지 못했다. 노래를 노래로 듣지 못하는 것이라면, 그것은 편협한 감상이거나 아니면 값싼 동정일 밖에 없다.

주화를 던지며, 구걸의 노래를 재청할 만큼의 여유를 지닌 사람 속에서, 노래를 노래로 듣지 못하는 것은, 내가 정신과로 가야할 일인지도 모르는 일이다.

(1979. 12)

아낙 군수

 당선 소감 글 끝에 현재 하는 일을 적으라 하기에 버섯을 기른다고 써 넣었다. 말하자면 직업이다. 직업이라면 생계를 꾸려나갈만 해야 하는 것인데, 시험삼아 해 보는 버섯 재배가 직업이 될 수는 없다. 그런데도 그렇게 써 넣은 것은 써 넣을 게 없어서였다. 내가 '도둑촌'에 주소를 두고 있지 않는 한, 하는 일이 없다고 해서 '무직'이라고 못 쓸게 없지만, 공개적으로 드러낼 것까지야 없다는 생각이 곁들은 까닭이다. 무위도식無爲徒食을 떳떳하게 생각하는 사람은 따로 있다. 본의 아니게 내가 '직업'없이 지내게 된 데는 핑계가 없는 것은 아니지만, 어쨌든 하는 일없이 살아간다는 것은 자랑할 것이 못된다.
 '무직'이란 단어로 해서 내가 해마다 겪어야 했던 일은, 어느 사이 아비의 눈치를 살피는 자식들을 의식해야 하는 일이었다. 남의 비밀을 알려고 하는 것이 관성이듯이, 네 놈들이 학교에서 들고 오는 가정환경조사서라는 것이, 한결같이 직업을 소상하게 적어 넣으라 한다. 그럴 때마다 소속 불명의 '회사원'이라는 글자를 근거도 없이 써 넣곤 했다. 이러한 아비의 마음은 이심전심以心傳心 알게 된 터인데, 올해엔 아내가 용어를 변경하고 나섰다. 문필가文筆家로 적으라는 것이다.

　문필가라? 그렇다면 앞에서 말한대로 그것으로 생계를 꾸려 나가야할 일인데…? 그러나 수필 쓰는 일이 직업이 못 된다는 것은 아내가 더 잘 아는 일이다. 그저 뒤늦게 글을 쓰는 사람이라고 내세워도, 망발이 되지는 않게 된 것을 고맙게 여기고 있는 모양이었다. 그래서 문필가라 적어 넣기는 했지만, 그 '문필가'에 자조自嘲가 따름을 금치 못했다. 문인 중에는 인기와 명성을 누려 잘 지내는 사람이 있다. 그런데 중견中堅이 돼 있을 나이에 글답지도 않은 글을 쓴다고 시작한 꼴이니, 어찌 직업이 문필가라고 할 수 있을 것인가. 나의 무직은 누가 물어도 무직일 따름이다.

　사람은 팔자대로 산다고 한다. 직업도 그런 것이어서, 제각기 정해진 길을 가게 마련인 것 같다. 송충이는 솔잎을 먹어야 한다고 하지 않는가. 제3공화국이 망해 들어갈 무렵 직장을 팽개친 후로 생소한 일에 손을 댔다가 실패한 것은 인생 공부로 돌린다. 직업이 팔자라고는 했지만, 파키스탄 대통령 부토 씨의 교수형 집행인의 경우를 보면, 먹고 살아가는 길이 동서

양을 막론하고 어처구니가 없다. 집행인에게 주는 보수가 우리 돈으로 담배 한 갑의 값인 5백 원을 줬다고 하니, 지구상의 사람 사는 길이 어찌 희한하다 하지 않을 수가 있는가. 더구나 대대로 교수형 집행을 세습한다고 하니, 이른바 '망나니'인 그것도 직업인 셈이고 보면, 어쩔 수 없는 것이 먹고 살아가는 길이다.

직업엔 귀천이 없다고 한다. 목을 베는 일이 직책이라면 그것 또한 직업일 밖에 없다. 명리名利에 눈이 어두워, 사람 잡기를 다반사茶飯事로 아는 세태에, 먹고 살기 위한 것이라면 그런 일에 종사하는 것을 구설에 올릴 수는 없다. 오래 전에 나는 교도소에서 수형자를 교수형에 처하는 광경을 본 일이 있다. 죽음을 앞둔 사람의 본성을 보고 싶었던 것이다. 사형수가 밧줄에 매달려 있을 때, 시간을 재고 있던 검시관檢屍官이 너털웃음을 웃으며, 몇 분 더 매달라고 하는 것을 보았다. 그것을 보면서 직업이 바로 저런 것이구나 했다. 한동안 후미진 귀가길에서, 줄에 매달린 사형수의 영상이 앞을 가려 고통을 겪었으나, 사람의 목을 매며 웃음의 여유마저 지닌 직업을, 바꿔 생각해 보기도 했다. 직업에는 보람을 느끼고 긍지를 가져야 한다고 한다. 그러나 사람마다 어찌 직업에 긍지와 보람을 찾는다고 말할 수 있을 것인가.

무직자는 무직자의 마음을 알아도 유직자는 무직자의 마음을 모른다. "자네 요새 뭘 하나." 대답이 궁한 듯하면 상대방이 재차 캐묻는다. 알아주지 않는 글을 쓴다고 할 수도 없어서, 격의가 없는 친구에겐 자신있게 대답을 한다.

"나 말인가. 아낙 군수 한 자리 얻어 하네."

아낙 군수를 못 알아 듣는 친구에겐 설명을 해야 한다.

"저 황해도에 아낙(안악)이라는 군이 있지. 그 군수 말일세."

알겠다는 뜻으로 웃는 친구는 너털 웃음으로 얼버무리고 나서 "이 사람아, 요새 집에서 '아이보는 사람' - 아낙군수의 신분이 어떤 사람이길래…"하고 시치미를 뗀다. 아이 보는 사람의 신분이야 어떻든, 아낙 군수만은 못할 직책이다. 수필가 행세는 더 어려운 일이니, 가을엔 또 버섯이나 길러 볼까 한다.

(1980. 1)

※ '아이보는 사람' - 장기 휴회를 일삼던 공화당 정권의 국회의원을 빗대서 이르던 말.

홍은동弘恩洞 참새

 뜰에서 쌀가마니를 퍼 옮기다가 쌀톨을 흘렸더니, 어떻게 알았는지 멀리서 참새들이 날아들기 시작했다. 삽시간에 여남은 놈이 담장 위에 한 줄로 앉더니 저희끼리 지껄이기만 하고 땅으로 내려앉으려 하지를 않는다. 날만 새면 창문 앞 전선에 와 앉아서 나와는 마주 보는 사이인데도, 고놈들은 내 눈을 기기만하고 곁을 주려하지를 않는다.
 한참 듣고 있자니까. 고놈들의 지껄이는 소리가 여느 때와는 다르다는 것을 알았다. 한 놈이 유독 '째짹'하면, 저쪽 끝의 놈이 '쪼쪽'하고 묘한 소리로 응답을 한다. 포식거리가 생겼지만 경계하라는 것이 분명했다. 그러면서도 연신 나를 내려다보다가 정면으로 시선이 마주치면, 포로롱 날아갔다 이내 되돌아와서 또 야릇한 소리를 내는 것이었다. 내려 앉아 먹자커니, 안된다커니 하는 모양이다.

 고놈들의 눈치를 채고 짐짓 안보는 체하며 가마니를 털고 나서, 마당에 흩어진 쌀톨을 그대로 두고 방안으로 들어왔다. 그리고 반쯤 열어 놓은 창틈에 눈만 내밀고 내다봤더니, 그제서야 내려앉아 쪼아먹기 시작한다. 그런데 그 쪼아먹는 품이 더없이 얄미웠다. 한 번 쪼고는 머리를 들어보고, 또 한번 쪼고는 고개를 든다. 그러다가 내 눈매가 흔들리는 듯 하자 일제히 담장 위로 날아오른다. 모이가 다 없어질 때까지, 쳐다보는 법이 없는 닭과는 너무도 다르다.

 그 꾀에 혀를 차면서, 다시 창 밑으로 몸을 숨겼다. 잠시 후 조심스레 머리를 들었을 땐, 고놈들은 앞서보다도 더 민첩하게 담장으로 날아올랐다. 그리고나서 아까와는 또 다른 목소리로, 까불대던 몸짓도 뻣뻣해져 가지고, 고개를 고추든 두 놈이 주고받는다. 한층 경계하라는 모양이었다.

 하는 양이 가소로워 다시 움츠리고 앉아 지켜보았다. 이번엔 더 동안이 떠서 내려앉기 시작했으나, 내가 머리를 쳐들었을 땐 담장 위가 아닌 아주 먼 곳으로 날아가 버렸다. 더 버틸 수가 없어 얼마 후 나가봤을 땐 깨끗이 주워 먹고 간 뒤였다.

 어느 날 창가에 와 노는 놈들을 보면서 혼자 웃음을 금치 못했다. 앞집 굴뚝 가에서 노는 탓으로, 고놈들의 몸뚱이가 굴뚝새처럼 돼 있는 것이다. 제 놈들이 약은 체는 해도 목욕은 못하는구나 하였다.

겨울, 포동포동 살 오른 놈을 보고 참새를 잡아먹던 소년시절을 떠올렸다. 눈 내린 겨울 아침, 여물(쇠먹이)을 썰고 나면 나락이 떨어진다. 사방이 눈에 쌓인 고놈들이 그것을 그대로 지나칠 리 없다. 함빡 내려앉는 곳에 채반이나 맷방석을 고이고, 고임대에 새끼줄을 매서 문구멍으로 끌어들인다. 눈치 빠른 놈이라 해도 덫속으로 들어가지 않고는 못 배긴다. 이때 방안에서 줄을 낚아채는 촌동村童들의 계교엔, 놈들이 꾀인들 도리가 없다. 그런데, 어쩌다 걸려들지 않는 놈이 있어 다시 덫을 놓아 보지만, 그 때는 이미 이쪽이 어리석은 꼴이 된다.

 참새의 꾀에는 옛사람도 혀를 찼다. 큰 놈은 꾀가 많아 아예 잡을 수가 없고, 잡히는 놈은 먹이를 탐내는 새끼참새라고 했다. 먹는데만 눈을 파는 새끼참새를 비유해서, 공자孔子도 후손에게 훈계를 한 글이 보인다. 참새의 속성을 잘 관찰한 교훈이다.

 약삭빠른 자를 가리켜, 참새알 굴레씌워걸 방으로 멘다 한다. 이를 테면 신문에 내는 부고에 외국에 나가 있는 자녀의 국명을 표시하는 것도 그런 예이다. 친구로 사귀어도 자녀들과는 안면도 없이 지내는 세태 속에서, 해외거주 자녀이름을 상관도 없는 사람에게 광고를 한다. 부하직원의 사정은 외면하면서도, 상사의 가족 생일까지 수첩에 적어가지고 다니는 이도 있다. 명함에 '특선작가'라고 박아가지고 다니는 일, 박사학위를 가짜로 받는 일, 줄 사람은 생각지도 않는데, 문학상을 타겠다고 나서는 것 따위는 참새알 걸머메고도 남는 꾀다.

　참새는 외양부터 그렇고, 짖는 소리가 몸짓 등에 어수룩한 데라고는 없다. 내집 곁에서 살면서도, 그토록 눈을 길 수가 없는데, 그러면서도 놈들은 인가人家를 멀리 떨어져 살려고는 하지 않는다.

　내가 사는 홍은동 일대는 얼마 전까지만 해도 시골이었다. 그러나 지금은 도회의 복판이 되고 말았다. 조금은 벗어나도 살기 좋은 시골이건만, 무얼 바라고 고놈들은 서울 복판에 눌러 사는지 알 수가 없다. 어쩌다 서울에서 살게 된 나처럼, 놈들도 별수 없이 그렇게 됐다는 말인지, 날개를 가지고도 공해 속을 벗어나지 못하는 꼴을 보면, 옮겨만 앉아도 부동산 재미를 보던 세월에, 주변없이 한군데서 15년 동안을 붙박혀 사는 나나 다를 게 없다. 약은 체하면서 살고는 있지만, 그놈이나 나나 헛약은 게 분명하다.

(1980. 4)

눈 내리던 날

창窓가에 소리없이 눈이 내리면 먼 곳으로 떠나고 싶다. 하오의 남창南窓이 권태로우면 아스라하게 날리는 눈발의 소요가 그리워진다. 춤을 추며 나목裸木 위에, 빈들에 내리는 눈오는 그런 길을 걷던 때가 언제던가.

45년 12월 6일 B양과 내가 헤어지던 날은 눈이 내렸다. 2차대전 말기의 긴박한 속에서, 시골로 홀로 떨어져 내려와 옆자리가 되었던 그녀는, 그해 봄 학교를 나오자 촉탁교원으로 부임해 왔다. 전쟁이 끝나고, 서울로 돌아가야 했던 그는, 그날 퇴근길에 노트 한 권을 말없이 내밀고, 북한산이 바라다보이는 저무는 교정을 걸어 나갔다.

그 후 나는, 생각이 나거든 보라는 그녀의 노트 속 마지막 글을 뇌며, 저물어가는 들길을 혼자 걷곤 했다. 방학이 돼 서울역에서 내려 그에게 전화를 걸었던 그날도 눈발이 흩날렸다. 전화를 끊고 나서 전차가 다니는 세모歲暮의 거리를 어떻게 걸었는지 모르던 일이 오랜 된 일이건만, 창가가 권태로울 땐 그런 환상의 눈발이 날린다.

남북으로 흩어진 전란戰亂의 상처가 흐려지는 지금, 해마다 이맘 때면 고독하던 그때의 눈발이 또 날린다. 흐지부지 사랑도 모르고 지낸 내 세월에 공감한다며, L여사가 내게 일러주는 그녀의 동창회 명부에는 이름만이 보일 뿐, 주소가 빈칸으로 남아 있다. 눈이 내리는 날은 그렇게 멀어진 오솔길들이 보인다. 끝없는 하늘에서 내려와 지상에 앉는 눈발은 누구에게나 한번쯤 아름다운 시름을 싣게 한다.

편지로 사귄 K를 찾아 경부선을 달려 부산진역에 내려섰을 때도 함박눈이 내렸다. 동해남부선 차창에 부딪는 눈발을 내다보며, 조그마한 시골 간이역에 내렸을 때 지상을 덮은 눈길이 외롭도록 정겨웠다. 이튿날 석유 등잔불을 켜주던 여인숙을 나와, 20리 길을 걸어 K를 만났고, 며칠 동안을 그와 함께 겨울 바닷가에서 젊음을 얘기했다.

몇년 동안 교신을 해오던 그에게는 처자가 있었다. 그런 그가 어느 때부터인가 편지글에서, C라는 여교사의 얘기를 담기 시작했다. 그 무렵 교육잡지에서 일하던 나는, 면식이 없는 C가 문학지에 1회의 시 추천을 거친 미혼녀란 것을 알고 있었다.

어느해 가을날 서울에 온 K가 C의 자취방을 가봐야 한다며 나에게 앞장을 서라고 하였다. 그랬으나 만나지 못하고 내려간 K는, 그 후로 동해 남부 바닷가 소식을 전해오면서, C에 대한 애정시를 동봉하곤 하였다.

봄이 오고 여름이 가고 다시 다음 해 봄으로 이어지던 날 뜻밖의 소식이 전해졌다. K의 음신音信이 뜸하다 했더니, 지난 여름 밤바다에서 변을 당했다는 소식이다.

내게서 소식을 전해들은 C가 편지를 보내왔다. 적지 않은 충격이 담겨져, 면식이 없건만도 나를 만나야겠다고 사연을 덧붙여 왔다. 봄비가 소리 없이 거리를 적시던 날, 충무로 태극당에서 검정색 원피스 차림의 그녀와 마주 앉았다. 입고 나온 검은 옷으로 그녀의 심중을 읽을 수 있었다.

그 후 그녀는 광화문 보리수다방에 나간다며 나오기를 권하는 것이었으나, 한 번도 나가질 못했다. 15년이 지난 지금 어디서 그녀도 이런 생각을 하고 있는지, 소리 없이 내리는 눈발이 기다려지는 날이다.

(1981. 1)

반벙어리의 여운餘韻

 하던 일을 멈추고 귀를 기울였다. 동네 어귀에서 들려오는 소리는, 분명 20여 년 전 서울 역 가까운 K출판사 편집실에서, 하오의 권태가 밀릴 즈음이면 들려오던 목청이다.
 "조개저(젓) 사령… 곤쟁이저 꼴뚜기저 어리굴저 사려-흐ㅇ…." 카랑 카랑한 음색을 묘하게 코로 울려내던 그 외침을 잊을 수가 없었던 것은, 한 세대 전의 유물 - 등짐장수들의 반벙어리식 외침을 그가 홀로 계승하고 있는 것으로 여긴 까닭이다.
 K출판사를 그만두고 무악재 고개를 넘어와 살고 있으면서 묘연해졌던 그 소리가, 난데 없이 20여 년 만에 그것도 여기 홍은동까지 들려 오리라고는 생각지 않은 일이었다. 그때 이미 나이들은 사람으로 생각했던 만큼, 지금에 들려오는 소리

가 그 사람일 리 없다 싶으면서도, 그 소리는 분명 서울역 부근 만리동 일대와 염천교 일원을 돌던 소리가 분명하였다. 날아갔던 새가 돌아온 것 만큼이나 반가와서, 안사람을 내보내 주인공을 불러 세웠다.

무우드렁… 생선비웃드렁… 하는 따위로, 찬거리를 지게에 진 서울의 등짐장수들만이 외치던 음성은, 해방과 더불어 사라진 지 오래다. 골동상들이 있고 민속촌을 재현해 놓기까지 했지만, 그런 외침은 이제 들어 볼 데가 없다. 유행이라면 언청이라도 되기를 서슴치 않는 생활방식 속에서, 장사꾼들이 마이크를 대고도 보자라 직성이 풀리지 않는 때에, 그는 무엇 때문에 반벙어리의 외침을 못 버리는 것인가. 경복궁 처마 끝, 사라진 왕조王朝의 그림자를 보는 듯하면서, 떨어져내린 폐궁의 기왓장처럼 무심하게 들어넘길 수가 없었던 목청. 아무튼 저토록 우직한 외길 인생이 또 있는가 싶어, 그 소리가 들리면 사라질 때까지 귀를 모으곤 하던 외침소리다.

강화도에서 밀물을 타고 마포강을 거슬러 올라오는 돛단배들이 갯비린내를 싣고 와 새우젓 독을 풀던 나루터 − 지금의 마포대교 자리의 풍물을 회상하면서, 안사람을 따라 나가보았다. 등 굽은 늙은이가 목발이 긴 젓갈지게를 지고 있으려니 했더니, 정정한 60대 초반이 깔끔한 젓갈통을 자전거에 싣고 있다. 그러고 보니 그는 40도 되기 전에 남이 안하는 반벙어리 행세를 한 사람이다. 종로 4가 동대문경찰서 근처에서 낳아 지금의 연희동에서 컸다며, 자신의 흰머리에 붙여 변모한 서울의 세속을 회상하는 것이었다.

풍수설로 전하기를, 서울에서 보이는 관악산은 화산火山격이라는 말을 할아버지로부터 들은 일이 있다. 이씨 왕도 한양은 그래서 불이 자주나게 될 것이라는 것이고, 그것을 막는 길은 장안사람이 모두 벙어리가 돼야 한다는 것이었다. 이리하여 만만한 것이 등짐장수들이었고, 그들은 왕도의 액막이로 반벙어리가 돼야 했다. 이후 그들의 후예들은 숙명처럼 그 목청을 이어 내려온 것이라 한다.

"무우드렁 사…"하는 앞장수 지게에 따라붙어, 양반장수는 기어들어가는 목소리로 "나도…"했다던가. 가진 상놈에게 빈축을 받은 썩은 선비의 체통을 빗댄 말이긴 하나, 오늘에 와서는 오히려 그런 체통에 값을 붙여보고 싶은 세태이다. 살아가는 외침의 고저장단高低長短이 고장난 저울바늘처럼 중심을 잃고 있음에랴.

얘기가 되돌아가지만, 동네 어귀에 조개젓장수의 외침이 가까워지고 있을 때였다. 안사람이 말하는 그 젓갈장수 신상 얘기가 또 뜻밖의 얘기였다. 서울내기인 이웃 고관 부인이, 소녀시절에 듣던 그 외침 소리를 지나쳐버릴 수가 없었다 한다. 어려서 듣던 외침소리에 동정이가, 아들의 취직자리를 맡고 나섰으나, 그는 가르치질 못해 호의를 받지 못했다는 얘기였다.

젓갈장수는 말하였다. 젓갈 파는 일에 흥망이 있을 리 없어,

그저 신용을 밑천으로 해서 식구를 거느려 왔다고 한다. 정직한 그의 말이 논어 속에 한 구절 같기도 하였다. 똑똑한 혀를 가지고도 모자라는 생존경쟁의 절규를, 짐짓 반벙어리 행세로 일관해온 그의 반생, 그가 스스로를 자족自足하고 있음은, 자족 아닌 자조自嘲의 삶을 달관한 때문인가. 그런 생각에 잠기고 있을 때, 그는 다시 자전거를 끌고 나서며 외쳤다. 그의 반벙어리 여운이 동구 밖을 벗어날 때까지 나는 움직일 수가 없었다.

(1982. 3)

2부

아래향夜來香
떠날 줄 모르는 여인
세한도
주은규朱銀圭의 결혼
어머니
왕골자리
부끄러운 젊음
소서재小書齋
권태

야래향夜來香

밤에 향기를 낸다 해서 야래향夜來香이라고 한 꽃은 실상 꽃답지가 않다. 혹惑하지 않을 수 없는 그 향기도 향기려니와, 꽃이름에 더 마음이 사로잡힌다. 말없이 곁으로 다가서는 정인情人의 기척을 느끼게 하고, 멀리서 찾아오는 반가운 손客처럼 마주치게도 한다. 무념無念히 다가서게 하는 이름이며, 마력魔力의 향기를 지닌 꽃이다.

매력있는 이름이 이보다 더 있을 것 같지 않다. 선영의향扇影衣香―은은한 미인들을 연상케 하고, 중국이 원산이어서 그런가, 대륙의 풍정風情에 잠기게도 한다. 호궁胡弓의 애련한 엘레지가 들려오는 듯도 하여, 역시 대륙의 꽃 능소화凌宵花, 협죽도夾竹挑 등에 어우러져 환상의 나라로 이끄는 이름이다. 그리하여 서시西施와 양귀비楊貴妃의 거실 곁으로도 인도한다.

낮에 다투어 피는 꽃 중에, 야래향은 무슨 일로 밤에 피어나는 것일까. 전설이 있음직하다. 박색薄色 여인의 한恨일 듯 싶다. 남정男丁을 사로잡기 위해 향기의 침실을 꾸렸음인가. 야래향은 땅거미와 더불어 피기 시작하다가 동이 트고 날이 밝기 시작하면, 밤내 뿜던 향기를 거두고 꽃을 오므린다. 한 그루의 꽃이면 여름밤 집 안팎을 향내로 메운다. 난향蘭香처럼 점잖아서 가볍지 않고, 백합같이 칙칙하지 않아 천박하지 않다. 국화가 서리를 오기傲氣로 피어내 일품이기는 하나, 그 향은 야래향에 댈 수 없다. 섣부른 프랑스제 향수도 이에 못 미친다.

한가지 흠이 있다면, 꽃으로서는 등외품等外品이다. 화사하네 요염하네 따위의 형용은 가당치 않아 아예 꽃이 되지 않는다. 활짝 피었을 때라야 4~5미리 정도의 크기이고, 연록색 빛깔은 꽃빛이 아니다. 모양은 나팔꽃 형태를 하고, 자질구레해서 볼품이 없다. 버들잎 같은 잎새여서 가지는 흡사 버드나무다. 요염스러워 가볍게 보이는 꽃들에 대면, 야래향은 몸매 무시와는 무관한 여인의 모습같은 꽃이다.

건삽乾澁한 하루를 밖으로 나돌다 돌아오는 밤엔, 문간에서 먼저 나와 나를 잡는다. 입원한 안사람을 들여다보고 돌아오는 저녁도, 스산한 마음을 감싸 안는다. 터서리에 고여 있는 허섭스레기 상념들을 발끔히 가셔주니, 십년지기十年知己와 다른 것이 없다. 세 철을 떨어져 있다가 한 철만을 더불어 살지만, 다른 것은 외면할 수 있어도, 야래향은 외면할 수 없다.

이 구석 저 구석을 들여다봐도, 야래향보다 향기로울게 없으니, 이름에 이끌리고 향기에 붙들려, 밤마다 만나는 꽃이 야래향이다.

(1982. 8)

떠날 줄 모르는 여인

 동네 밖을 한참 벗어난 산밑에 물레방앗간이 있고, 겨울이면 그곳이 곧잘 걸인들에게 숙소가 됐다. 여남은 살 때의 고향 얘기지만, 그 물레방앗간에 장발長髮을 하고, 누더기 위에 마대를 망토처럼 걸친 중년 걸인이 있었다. 무엇인지 알아들을 수 없는 말을 혼자서 숙설거리며 다녀, 사람들은 그를 숙설거지라고 불렀다. 하지만 정작 밥을 얻으러 와서는 아무 말도 하지 않고 대문간에 우두커니 서 있을 뿐이었다. 정신 이상의 이 걸인 모습은, 지난날 한 때의 나의 모습 바로 그것이었다.

 1950년 12월 말, 민족상잔의 비극이 다시 고조되고 있을 때이다. 서울의 청장년들은 중공군 침입으로 재현될 적치赤治를 벗어나기 위해 '국민방위군'이란 이름으로 마산까지 전략적 남행을 해야 했다. 서울의 외곽을 벗어나 망우리 고개를 넘어서자, 북한강 기슭 밤길에는 칼날바람에 눈보라마저 거세었다. 만성적으로 병약했던 나는 처절한 상황의 운명을 향방없는 발길에 맡겼을 뿐이었다. 소금물에 뭉친 하루 두 덩이의 주먹밥이 생존을 건 전부였고, 이것이 장장 20여일의 도보길 행군을 버티게 한 유일한 보급품이었다. 지금은 역사의 갈피 속에 잊혀진지 오래 되나, 이 대열이 희대稀代의 독직사건 — 수십만 장정을 굶어죽게 하고 폐인을 만들었던 국민방위군 대열이었다.

호남지방으로 내려간 난민들은 인심이 후했다는 후일담이 있다. 그러나 타들어가는 물꼬에 모여든 올챙이처럼, 함빡 쓸어다 풀어놓은 판이어서, 어느 고장의 인심인들 별도리가 있을 수는 없는 일이었다. 마산으로 삼천포로 종착점도 없이 끌려다니던 기아飢餓부대는, 급기야 무장지졸無將之卒이 되었고, 하루아침에 걸인부대로 잔락하였다. 장정들은 걸식에 이골이 나기 시작했으나, 나에겐 감당하기 어려운 일 중에서도 당해내기 어려운 일이었다. 인정人情의 대명사격으로 열려있던 사립문들도, 집집마다 잠긴 지가 오래였다. 지금도 기이하게 여기는 것은, 그런 상황에서 어떻게 내가 우물가의 젊은 아낙에게 뒤를 따랐는지를 모를 일이다. 아낙들의 냉랭한 눈총을 받아야 했던 때에, 앞장을 서며 따라오라는 여인의 뒤를 따라 사립문을 들어섰다. 방안에선 아침상 수저 소리가 평화로웠다. 여인은 더운 국밥을 말아 주면서, 추위에 상한 나를 부엌

안으로 들여 세웠다.

"퍼뜩 자시이소. 시부모가 아시믄 안됩니더."

여인의 말에 급히 퍼 넣으려 했으나 목에 걸려 넘어가질 않았다. 목을 매게 한 것은 국밥이 아니라, 어느 새 그 여인이 어머니상으로 바뀌어진 까닭이다.

"날마다 장정들 사정을 딱하게 여기다봉이, 내 먹을 게 없능기라요."

목이 멘 나는 대꾸할 말을 찾지 못하였다. 어머니처럼 인고忍苦의 미덕을 익혀온 여인, 그에게 나는 누구였을까. 전쟁마당에서 뼈와 가죽만이 남아 돌아온 남편이었을까, 모성애로 감싸야 했던 아들이었을까. '숙설거지'모양의 말없는 나에게, 숨어서 자기 몫을 내주던 여인 — 환영幻影조차 그릴 수가 없는 고령高靈땅 그 여인은, 지금도 내게서 떠날 줄을 모른다.

(1982. 9)

세한도 歲寒圖

소한小寒 추위로는 이른 셈인데, 영하 10도를 오르내리는 추위가 여러날 째 계속된다. 북창北窓으로 반사해 들어오는 눈雪빛에 벽이 밝고, 까치 짖는 소리가 지붕 위에 차다. 걸어놓은 새해 수선水仙 그림 달력이, 찌들은 벽면에 오히려 어울리질 않는다. 매일생한 불매향梅一生寒不賣香 — 대나무 필통에 새겨진 구절이 적막하고, 전화벨도 조용하다.

묵은 그림 — 한림귀아도寒林歸鴉圖 속, 갈가마귀의 그 날개가 벽면 공간을 날고 있을 뿐, 강변에 서 있는 서너 그루의 나목裸木이 더 적막을 일깨운다. 공간을 저며내고 있는 것은 시계추 소리일 뿐이고, 그 허虛 때문에 빈 방은 빈 방이 되지 아니한다.

관재 이도영(貫齊 李道榮, 1887~1923, 서화가)의 그림 한림

귀아도가 오늘 따라 가난과 예술에 살다 간 그의 면모를 말하고 있다. 한림寒林으로 돌아가는 갈가마귀의 모습이 한결 정겹다.

방 안에서도 손이 시리다. 예년 같으면 매화분梅花盆에 봄소식이 전해졌을 때이나, 날씨가 사나우니 춘심春心이 주춤할 밖에 없다. 인정人情의 기미를 잘 나타낸 완당阮堂의 세한도歲寒圖가 그 때문에 오히려 따뜻하다. '세한(설 전후한 추위) 뒤라야, 송백松柏이 나중에 시드는 것을 알게 된다(歲寒然後知松柏之後凋)'고 한 세한도 — 정정한 노송老松 옆에, 울타리도 없이 헐벗은 초가 한 채가 외롭게 서 있는 그림이다. 인적이 끊긴지 오랜 것 같아, 아무리 보아도 을씨년스러운데, 완당은 이 그림을 중국을 왕래한 이상적李商迪에게 그려줬다.

중국에서 귀중한 책을 구해 선물하자, 권세와 이익을 좇아 시류時流를 타기에 급급한 때에, 그대는 무슨 일로, 귀양사는 몸을 돌보는가 고마울 뿐이라며 그림폭에 심회心懷를 곁들였다. 그림 볼 줄 모르는 이에게는 물론 볼 재미가 없는 그림이다. 그러나 마주 설수록 차디찬 그림폭에서 온기溫氣를 느끼게 되는 것은 무슨 까닭인가.

뜨락 귀퉁이에 쌓인 눈이 좀체로 녹질 않는다. 회오리바람이 스치면 조그마한 눈보라가 일고, 바람이 지나고 나면, 세한의 뜰엔 다시 적막이 내린다. 무악毋岳의 묏부리가 한천寒天에 의연毅然하고, 눈 녹은 양지에 참새 두어 마리가 몸을 비비고 있다. (1983. 1)

주은규朱銀圭의 결혼

주은규를 처음으로 알게 된 것이 50년대 말이 아니었던가 한다. 그는 처녀기를 피어 보지도 못하고, 서른 여덟을 일기로 폐결핵과 싸우다가 간 안사람의 친구다. 주위의 만류에도 불구하고 아내가 스스로 택한 나와의 결혼을 그는 우정으로 지켜본 증인이기도 하였다.

자신도 혼기를 앞둔 처지였으나, 병중에도 친구의 혼사를 걱정하며 띄운 그의 묵은 편지들을 펼쳐보면서, 사람이 만나고 헤어지는 일은 모두가 인연이고, 속절없다는 생각밖에 할 수 없다.

"…… 너만이 결단을 내릴 수 있었던 약혼을 멀리서 축하한다. 그렇다. 사랑이란 이제까지의 자신이 아니고, 너는 네 자신이 거듭나게 하는 마성魔性을 숨기고 지내온 것 같구나.

…… (중략) …… 하지만 지금의 너는 어른들을 의식 안 할 수는 없을 것이다. 그것은 맹목의 굴복이나 순종으로, 사랑에 희생을 하라는 말은 아니다. 몇해 전인가 어떤 잡지에서 그레이스 켈리의 약혼사진을 본 일이 있다. 아직도 인상적이기에 기억에 남는구나. 보통 우리가 생각하는 약혼사진이라면 둘이서 나란히 찍는 것으로 안다. 그러나 그 사진은 부모를 중앙에 모시고, 오빠 언니 심지어 형부까지 자연스런 포즈 속에, 진짜 신랑 신부감은 한구석 뒤켠에 각각 떨어져 있는 사진이더라.

너는 아무도 너의 결혼을 이해해 주려고 하는 사람이 없다고 하지만, 그 문제에 너는 얼마만큼 노력을 했니? 어쨌거나 부모님께 밝혔던 안 밝혔든, 이제는 네 처지를 분명히 하고, 그분을 가족에게 소개해야 할 때가 됐다고 생각한다. 그리고 혼인 준비도 해야지. 처음으로 네가 내게 어린애같이 보이는구나. 곁에 있다면 도와줄 것이 많을 것두같구……"

이렇게 그의 편지가 시사하듯 아내와 나와의 혼담엔 두 사람만의 결단이 작용했을 뿐, 첫째부터 따져 꼽는 조건들이, 내겐 어느 한 가지도 내세울 것이 없었다. 하지만 우리들의 결합을 기정사실로 인정한 그는, 동정을 넘어서 격려를 예의 바르게 보내 오기도 했다. 그가 세상을 뜬 지도 이미 십여 년, 그만큼 잊혀질 때가 돼가고 있는데도, 우리 곁을 떠나지 않고 있는 것은, 그와의 인연이 비단 이와 같았던 때문만은 아니다.

내가 처음 그를 만났을 때의 인상은, 후미진 골짝의 산나리

꽃이 아니면 들국화 같은 인상이었다. 편지글마다 보이던 문재文才가 더 그를 잊지 못하게 할 뿐 아니라, 그의 요절한 생애가 너무도 기구해서 잊을 수가 없다. 서울역에서 신촌역으로 빠지는 충정로 기찻굴 앞에서, 59년 봄 내가 단칸살이 신접살림을 꾸리고 있을 때, 그는 중증으로 기울기 시작한 증세를 안고, 메디컬 센터에서 진찰을 받아 보고 싶다며 대전에서 올라왔다. 그때의 메디컬 센터는 스칸디나비아 삼국의 외국인 의사들이 와 있는 국내 유일의 의료기관이었다. 조신스레 얼굴을 들지 못하며 치맛자락을 감싸고 앉던 모습이, 내게서 떠나지 않고 있는 그의 처음이자 마지막 모습이다.

그 후 몇 해를 지나, 어느날 엽서를 받아든 안사람이 예감이 이상하다며, 충남 대덕군 기성면 촌가로 문병을 가겠다고 했다. 서둘러 길을 떠나보내지 않았던 탓으로 며칠 뒤에 내려갔을 땐, 그는 이미 한발 앞서 이승 길을 떠난 뒤였다. 숨을 거둘 때 결핵환자에게선 균이 쏟아져 나온다는 속설을 들었다면서도, 그런 것을 꺼리지 않고 임종을 못해 준 것만을 안사람은 가슴 아파했다. 나 역시 그런 우정을 받쳐 주지 못한 것이 지금까지 마음에 걸린다. 남의 중병이 내 감기만도 못한 것이 인정이지만, 불우한 친구에게 쏟던 아내의 우정을 몰랐다고 한다면 구차한 변명이 될 뿐이다.

안사람과의 혼담이 진행해 가고 있을 때였다. 이해를 해줘 고맙다고 편지를 냈더니, 그는 다음과 같이 회신을 해왔다.

"…… 선생님의 필적은 웬일인지 눈설지 않았고, 봉투에 적힌 이름을 보는 순간, 정복(廷福, 필자의 아내)의 그분이라는 것을 직감하였습니다. 그러기에 오히려 선생님 글의 서두는 불필요했습니다. 두분의 약혼을 축하하며, 사랑의 증인으로서 기꺼이 언제까지나 지키겠습니다."

선배가 말하듯한 글발 속에, 그는 별 수 없이 내가 가난보따리를 안고 살아갈 것을 내다봤던지, 빈털터리 내 심경을 알고 있다는 듯 격려를 했다. 운수승雲水僧처럼 고향을 잃고 단벌치기로 떠돌던 시절이다. 그는 지금, 손때 묻은 가구처럼 찌들며 살아가고 있는 우리를 북망산北邙山에서 지켜보고 있을 것이지만, 살아 있다면 누구보다도 나의 뒤늦은 문필을 아끼며 지켜볼 사람의 하나가 돼 있을 것이다. 세월이 갈수록 형제를 잃은 것 같고, 온갖 지혜로도 알지 못하는 것이 인간의 운명이 아닌가 한다.

불우하게 요절한 그에게는 어머니가 셋이었다. 두 번째인 생모도 사내동생을 낳아 주지 못해 세 번째의 어머니가 있어야 했고, 행상으로 생계를 이어대는 큰어머니와 생모 셋이서 병마와 싸웠다. 그의 시련은 이것으로도 모자라 가난 속에서 큰어머니를 잃는 비운을 맞았고, 막일로 생계를 꾸리는 생모와 외로운 투병을 이어나갔다.

그의 불행은 이미 53년으로 거슬러 올라간다. 6·25포성의 여진餘震이 가라앉지도 않을 무렵, 피난지 공주에서 사범학교를 갓 나온 안사람이, 안성 일죽安城一竹 초등학교로 그와 함께 부임을 했다. 동기간 같던 7개월간의 동숙생활을 끝내고 안사람은 서울로 돌아왔을 때부터 그의 질환은 시작이 됐다. 그가 교단을 떠나 세상을 뜰 때까지 안사람과 그는 우정을 이어나갔다. 누군들 지기知己의 벗을 갖기 바라지 않는 자가 있을까마는, 한 사람이라도 그런 벗을 가졌다고 한다면, 그는 행복한 사람이다. 그런 지기와 유명을 달리하게 된다는 것은, 살아남는 쪽이 오히려 비정하기까지 하다. 어쨌든 인간이란 서로가 갈림길에 서게 마련이나, 안사람과 그의 행로는 너무도 기구한 우정이었다.

그가 세상을 뜬지 1년이 지나, 실의에 차 있을 노모를 문안하러 안사람은 두 번째로 주은규가 없는 대전 길을 떠났다. 이왕에 왔으니 은규가 있는 곳으로 가 보자면서 일어서는 노모를 따라나선 집은, 살아서 못간 시집을 죽어서 가 있는 그의 시집이었다. 이름도 성도 모르는 저승의 총각이 그녀의 신랑이었고, 두 영혼이 차리고 있는 신방엔 청홍의 촛불이 춤을 추고 있었다. 과년한 딸을 치운 노모의 표정엔 시름이 걷혀 있었다. 안사람도 무거웠던 발걸음을 가볍게 돌릴 수 있어, 경부선 차바퀴소리에 몸을 기대고 시름을 덜면서 돌아왔다.

애기가 되돌아가나, 우리들의 신접살림으로 주은규가 찾아왔을 때, 그의 노모는 우리의 결혼사진을 보고 싶다며 궁금해 했다 한다. 그는 뒷날, 운명은 어쩔 수 없는 것이지만 무난히

살 것 같다며, 궁금해 하는 어머니에게 말했다는 사연을 띄워 왔다. 하지만 그와 헤어진 지 10여년, 그의 말을 생각해 보면 과연 내가 지금 무난하게 살아가고 있는지를 자문해 보게 된다. 무난하다면, 그것은 지금까지 병病주머니와 가난보따리를 끼고 살아온 것뿐이고, 무난하겠다고 했다는 그의 말을 뇌어 보면, 그것은 내가 아닌 바로 주은규 자신이라 하고 싶다. 그에겐 지금 우리들이 겪고 있는, 먹고 사는 일과 가르치는 일 따위의 힘겨운 일이 있을리 없다. 그리고 우리를 걱정했던 것처럼, 그에겐 걱정거리가 없으니, 그의 결혼이야말로 무난한 결혼이 아닌가 한다.

(1983. 2)

어머니

  46년 1월에 환갑을 맞으셨으니, 어머니는 올해로 100세가 되신다. 하지만 살아계신지 돌아가셨는지를 알 길이 없다. 고향집이 휴전선 안에 들어가 있으니, 치열했던 싸움터에서 동족간에 겨누고 쏘아대는 총탄에 횡사橫死하셨을 것도 같고, 지뢰밭을 넘어오다 저승길로 가셨을 것도 같고, 용렬庸劣한 아들 보고지라는 한恨으로, 눈도 감지 못하고 어느 산모롱이 외진 길에 누워계실 것도 같고—. 이렇게 생각하고 저렇게 생각해 보아도 불측한 생각만이 앞선다. 3년 동안 엎치락뒤치락한 무서운 전란 속에서도, 터럭 하나 다치지 않은 사람이 있음을 보면, 어쩌다가 나는 이 꼴이 되었나 싶어, 공평하지 못한 섭리가 억울하기까지 하다.

  평생토록 어버이 생각을 하는 것은, 효 중에서도 큰 효라 한다. 하지만 내가 어머니 생각을 하는 것은 효가 된다고는 생각할 수 없다. 안 계신 다음에 평생토록 추모追慕해봐야, 생전에 하지 못한 효가 무슨 소용인가. 어버이날이 되면 해마다 거리에서 카네이션을 단 부모들을 보게 되지만, 내게 당해선 그 날이 한스러운 날일 뿐이다. 마음 속에 단 흰 카네이션으로, "진자리 마른 자리 갈아뉘시며 손발이 다 닳도록 고생하시네"— 어디선가 들리는 노래소리에 맺힌 한이 더 맺힐 뿐이다.

내가 마지막으로 어머니를 떠난 것은 1950년 12월이었다. 한국전에 중공군이 끼어들어, 황망히 하직한 것이 다시는 뵙지 못하게 될 줄은 꿈에도 생각 못한 일이었다. 향우회鄕友會 사람들이, 한 발자국이라도 고향 가까운 곳으로 모이자고 했을 때, 민통선民統線 너머의, 옛 마을들은 주춧돌만이 풀숲에 묻혀 있었다. 그 빈터에 나비 한 마리가 봄날을 날고 있었을 뿐, 적막한 골짜기엔 일촉즉발一觸卽發의 상잔相殘의 숨결이 아직도 고여 있었다. 산새 한 마리가 지뢰밭 금줄에 와 울고, 그 산새의 울음이 산새의 울음으로 들리지 않아, 어머니의 목소리로 들어야 했다.

나는 지금 서울에서, 밤이면 다시 어머니의 목소리를 듣는다. 깊은 산중도 아니건만 돌아가지 못한다며 피나게 우는 불여귀(不如歸 : 소쩍새)가 뒷산에서 우는 것이다. 그 울음에 실린 사모思母의 정을 달랠 길이 없다.

어머니가 환갑을 맞으시던 해, 그때까지도 나는 철이 없는 아들이었다. 북으로 가는 길이 막히자, 당신의 생신 자리에 아들이 돌아오지 못할 것을 생각하고, 어머니는 마음이 편치 않으셨다 한다. 38도선을 넘어 뒤늦게 고향집에 닿았을 때, 식구 모두가 상하지 않은 것을 기뻐하셨다. 하지만 나는 어머니의 환갑잔치상이 초라했다는 말을 듣고 가슴이 멨다.

어머니는 우리 5남매를 키우고 고생만 하시다가 가셨다. 30년 가까이 나가 계시던 아버지가 돌아올 때까지, 제사 받들고 시부모 모시면서, 대들보같이 대소가大小家 거느리는 맏며느리 자리를 지키셨다. 손수 명주를 낳으셨으면서도 당신은 정작 옷 한 벌을 못해 입으셨다. 전에는 더러 꿈속에서 뵐 수가 있더니, 웬일인지 몇 해 전부터는 꿈속에서조차 뵐 수가 없다. 어머니의 모습이 담긴 단 하나의 사진을 못 챙긴 것이 또 하나의 한이 되어 가슴에 남는다.

할머니 무릎에 안긴 사진 속 나의 모습으로 보아, 아마도 내가 두 서너살 때 쯤이니, 1925년 쯤이 아닌가 한다. 고향집에 간직해 뒀던 그 사진에는 아버지만이 보이지 않고, 작은아버지 세 분과 작은어머니 세 분 그리고 딸린 식구 대가족이 담겨져 있다. 그 사진 속의 젊으셨던 어머니 얼굴이 보고 싶다. 살아 있을 때의 어머니 상을 조각해 놓고, 아침 저녁 나며들며, 인사를 한다는 친구가 부러워진다.

앞대(파주지방)에서 뒷대(연천지방)로 시집오신 어머니는 우리에게 별식을 만들어 줄 때, 당신이 좋아하던 별미別味 말씀을 하곤 하였다. 가을이면 생굴 요리맛을 잊지 못한다고 하셨지만, 서울에 돌솥밥이 처음 등장했을 때, 생굴을 넣어 지은 밥을 먹어 보면서, 어머니가 좋아하던 음식이란 것을 알았다. 내리 사랑은 있어도 치사랑은 없다더니, 나는 어머니에 대한 갚음 없이, 반생을 떠돌며 살아왔다. 불가항력의 현실이라고는 해도 꿈속에서조차 볼 길이 없는, 현실 같지 않는 현실이 억울하고 또 억울하고 분하고 또 분하다.

세상에는 출세해서 어머니의 자리를 높이는 이들이 많으나, 나는 용렬한 인생을 살아가고 있을 뿐이다. 하지만 나에게도 지고지존至高至尊의 자리에 어머니가 계셨음을 자랑한다. 나폴레옹이 술회하기를, 어머니의 엄한 교육이 아니었던들 황제가 되지 못했을 것이라고 했지만, 황제의 어머니만이 어머니 상像이랴.

바다보다 넓고 산보다 높은 어머니의 사랑 — 은혜의 끝이 없다고 노랫말은 하고 있지만, 이 말이 어찌 어머니의 사랑을 다 헤아렸다고 할 수가 있겠는가. 늙으신 어머니의 얼굴이 그리워지면, 속으로 나직이 어머니를 불러 눈물을 삼키며 슬픔을 재울 뿐이다.

(1984. 6)

왕골자리

느즈막하게 점심상을 마루에서 받고 있는데, 누구인지 뒷문 두드리는 소리가 난다. 소리없이 이슬비가 내리는 여름 한나절, 수저를 들다말고 나가 보았더니 어깨에 돗자리를 한 짐씩 멘 젊은이 두 사람이 서 있다. 후줄그레하게 젖은 옷으로 보아, 빗속을 꽤 걸은 듯 싶은데, 충청도 사투리로 돗자리를 들여놓으란다. 빗속을 누벼온 사유를 세워놓고 들을 수가 없어, 우선 집안으로 들여 세웠다.

이마에 흐르는 물과 땀을 훔치면서, 마루에 걸터앉아 그들은 묻지도 않은 말을 꺼냈다. 돗자리를 가지고 온 것은 당초에 문전마다 찾아다니는 이른바 도부꾼 장사를 하고자 해서가 아니란다. Y상가의 지면知面있는 사람이 팔아준다기에, 3부자가 농한기에 짠 것을 가지고 왔다는 것. 그러고 보니, 젊은이 두 사람은 형제간이다. 지방 사투리를 쓰는 가짜 꿀장수나 참기름장수 얘기를 들은 일이 있고 속아본 일도 있으나, 그런 사람들로는 보이지 않았다. 돗자리를 가지고 서울에 오자, 상가 사람의 말은 처음과 달라서, 하는 수 없이 가지고 내려가는 것이라고 한다. 약속한 대로 손쉽게 현금으로 바뀌어질 줄 알았던 것이, 내려갈 차비마저 마련할 길이 없어 돌아다닌다는 얘기였다.

한나절이 훨씬 겨워있어서, 그들 형제에게 안사람을 시켜 찬밥이나마 차려내게 하였다. 신을 벗고 올라오라 해도 마다하고 걸터앉은 채로 상을 받은 그들은, 요기療飢를 달게 했다면서 수저를 놓았다. 담배에 불을 붙이고 나더니, 시골이나 서울의 변해가는 풍습과 인심을 말한다. 그들의 말이 새삼스러울 것은 없었으나 말하는 품이 그들도 이미 시골 사람은 아니다. 하지만 사람들의 마음이 겉과 속이 달라져 간다는 그들의 말을 나는 흘려들을 수가 없었다.

돗자리를 갈아주어야 하기는 했으나, 짐스러워 외상으로라도 내려놓을 판이라는 그들의 돗자리가, 내게는 이미 두 닢이나 있다. 그렇다고 그냥 보낼 수도 없어, 핑계 삼은 말로 왕골자리 한 닢을 주문하였다. 내가 원하는 자리는 근래에 와서 눈에 띄질 않는데, 일손이 모자라는 농촌에선 이미 그런 것은 자취를 감춘 것일테지 하고 한 말이다. 그러나 그들은 즉석에서 승낙을 하고, 명함을 건네준 내게 어김없이 매오마며 돌아갔다.

　내가 주문한 자리는 돗자리를 말하는 것이 아니다. 고드랫돌이 얹힌 자리틀에, 왕골 올을 손으로 엮어맨 것을 말한다. 돗자리는 올을 가늘게 째 말린 것을 천을 짜듯 바디로 짜내지만, 고드랫돌로 매는 자리는 거적을 치듯, 왕골올을 하나하나 손으로 엮어맨다. 한 닢을 매자면 더디기가 한량없다. 주문한 자리의 설명을 더 해보면, 화문석을 연상하면 될 것이다. 다만 화문석보다 날이 드물고, 왕골 올이 섬세하지 않아 투박한데다가 무늬가 없을 뿐이다. 화문석을 상류층 취향이라면, 내가 주문한 것은 서민적 취향이다.

　이런 자리를 오래전부터 갖기를 원하였다. 그러나 자리전엘 가보면, 거의다 돗자리가 아니면 화문석 등속이어서 진작 구하질 못하였다. 돗자리는 촉감이 차서 주로 여름에 쓰이나, 손으로 엮어맨 자리는 촉감이 부드러워 사철용이 된다. 화문석은 그런 점에서 좋긴해도, 그런 것을 사철 깔 만큼의 살림이 아닐 뿐더러, 나는 화문석의 특징인 울긋불긋한 무늬가 싫다.

　청년들이 돌아가고 나서 이듬해 봄이었다. 잊어버리고 지내던 어느 날, 젊은이 하나가 주문한 자리를 들고 왔다. 한 닢을 주문했는데 두 닢을 들고 와 예상보다 높은 값을 내라고 하였다. 예약한 값도 아니어서 두 말 않고 받아놓기는 하였으나, 한 닢이면 족하다 생각하였다. 그러나 두 닢을 다 깔면서 해마다 여름이 되면 세 닢이라도 마다하지 않을 것이라는 생각을 하게 된다.

　나는 어려서 왕골자리가 깔린 방에서 자랐다. 웬만한 집이 아니고선, 그때의 방은 거의가 흙바닥이고 그 위에 자리가 깔린다. 지금 들어선다면 흙내가 역겨워 들어설 수가 없을 것이나, 오늘에 와선 하루쯤이라도 그런 방에서 지내보았으면 한다. 마음의 고향 같은 흙내나는 방이 지금은 마음에서도 사라져가려 하지만, 내가 왕골자리를 주문할 때 청년들은 나의 취향이 이상하다는 분위기였다.

　빠르고 쉽고 편하기를 바라 아귀다툼을 하는 속에서, 세월을 엮듯하는 자리 — 돗자리 같으면 불과 하룻거리에 지나지 않는 것을 종일토록 앉아 매도, 1주일 가량을 소비해야 한다. 초음속 시대에 살면서, 이런 노작품에 대해, 그리고 토속적인 것이 대해 취향을 거는 것은 낡은 감상일지 모른다. 하지만 유년시절의 어머니 품 같아서, 왕골자리가 나에겐 회억(回憶)의 요람(搖籃)인 것이다.

(1985. 7)

부끄러운 젊음

　태평양전쟁이 마지막으로 막을 내리려는 국면으로 접어들었을 때, 공습을 피해야 한다는 소개령疏開令에 의해 경성(京城 : 서울) 사람들이 시골로 내려왔다. 그렇게 내려온 18살의 B를 교무실에서 만난 것이 해방되기 두달 전이었다.
　이윽고 일본이 항복하고 광복의 열기가 어수선하게 저물어 갔다. 사람들은 제자리를 찾아 돌아갔고 B도 서울로 돌아갈 채비를 하였다. 나는 전깃불도 없는 교무실 구석에서, 울적한 마음을 풍금으로 달랬다. 퇴근 길 그림자들이 빈 교정에 하나 둘 사라져가던 저녁, B는 노트 한 권을 풍금 위에 말없이 놓고 갔다. 하숙방에 돌아와 등잔불 밑에 펼쳤더니, 나와 옆 자리가 되고나서 7개월간의 일기가 적혀져 나갔다. 군데군데 애정시 구절이 인용되고, 네잎 클로바가 갈피 속에 끼워졌다.

내가 그녀를 만난 것은 우연이라 할 수 있으나 그것은 필연이기도 한 일이었다. 전쟁터에 끌려나가기를 피해 교단을 택한 나, 일군日軍위안부 — 정신대를 피해서 온 그녀나 마찬가지이다. 아무튼 패전의 기색이 짙어지면서, 조선인의 목이 조여들었다. 그런 속에서도 두 사람의 시야視野에는 평화스런 계절이 펼쳐졌을 뿐이었다. 운동장은 방공호가 파여져 만신창이가 되었어도, 뛰노는 아이들의 소리는 평화로웠고, 교무실 시계추 소리도 한가로웠다.

그 해 여름은 수업이 전폐되다시피 하였다. 강제 징용徵用과 징병으로, 농촌에 달리는 일손을 어린 것들이 메워 나갔다. 20일을 연이은 모심기 동원動員에서, 무논에서 잡은 게 한 마리를 B의 서랍 속에 넣어 주었다. 그것을 계기로 글 쪽지가 오가기 시작했다.

서울에서 낳아 서울에서 자란 그녀는 논가에 가 본 일이 없는 서울나기이다. 발을 벗고 수렁논에 들어선다는 것은 스스로도 자신이 없다고 하였다. 일인日人 교사의 엄한 감독하에서도, 발을 벗지 않았다던 그녀가, 배정된 동원반을 어기고 나의 반으로 묻어왔다. 이유를 묻는 나에게 눈을 흘기며 그것도 모르느냐고 반문하였다.

전쟁은 막바지로 치달았어도 하늘에는 흰구름만이 흐르고 있었다. 동원에서 돌아온 두 사람에게 후미진 곳이 지정좌석이었다. 겨레의 숨통이 조여들고 조국의 격랑激浪에 떠밀려가고 있었어도, 두 사람의 젊음은 그것과는 상관없었다.

저들은 날마다 대본영(大本營 : 총사령부) 발표로 승전을 한다고 하였다. 그러나 그것은 날마다 망해들어가는 허세虛勢였다. 그러던 허세는 끝이 나고 역사는 바뀌어, 한 쪽은 가족의 품으로 돌아가고, 한 쪽은 분단의 길목에 실향민이 되었다. 한 쪽은 평화로운 길의 시작이었고, 한 쪽은 이산離散의 한恨의 시발이었다. 실체를 말한다면 지주地主의 따님과의 만남이요, 빈털터리 운수雲水와의 헤어짐이었다.

아무려나 비 오는 날이면, 한 우산을 받던 그런 젊음은, 시간이 흐르면서 져내린 낙엽이었을 뿐이었다. 미진未盡한 것이 있다면 동족상잔同族相殘의 처절한 속에서, 서로가 살아남은 사연을 못 푼 것뿐이다. 아쉬운 것이 하나 더 있다면, 그녀가 마지막 장 노트에 적은 것처럼 간직하라는 노트를 간직하지 못한 것과, 만나면 헤어진다고 적은 만남이었을 뿐이다.

(1986. 4)

소서재小書齋

 탄암灘岩형댁 대문을 들어서면 현관 앞에 감나무 한 그루가 서 있다. 늦가을 성근 잎 사이로 석양빛을 받은 감이 붉게 매달려 있는데, 그 운치가 말할 수 없을 정도로 좋다. 주인은 이 정취를 현관 문 이마 위에 목각현판木刻懸板으로 새겨 걸어놓고 있다. 이름하여 완시재玩柿齋 ─ 감을 완상하는 집이다. 뜰이 없어서 나무 한 그루를 제대로 가꾸지 못하는 나는 완시재 주인의 멋이 부럽다.
 청량리에 사는 부자 한 사람이 집을 지었을 때이다. 잘 짓는 집이니 구경을 가자는 친구를 따라가 보았다. 3백 평 대지에 심은 나무가 즐비한데 설악산에서 사온 3, 4백만 원짜리라는 향나무 일색이다. 그 꾸밈새가 마치 화면 가득히 향나무만을 그려 넣은 유치원생의 그림 같다. 나무 값을 어림해보니 오죽

잖은 내 집값을 훨씬 웃돈다. 집안 치장도 비슷한 것을 보고, 돈의 행로行路가 멍텅구리이긴 해도 어처구니가 없군 하였다.

60이 가까운 주인은 젊은 부인을 거느리고 산다. 유리병 속에 뱀이 들어 있는 술병을 내오게 하더니, 그것이 부인에게 행복을 주는 것이라며 권한다. 같이 간 친구와 처음으로 뱀술을 마시고 나오면서, 호화주택 터서리가 비어 보였다.

완시재는 청량리집 주인에 대면 보잘 것 없는 집이다. 그런데도 운치가 잡목 틈의 벽오동 같다할 일인데, 문앞에 걸린 현판이 더욱 멋을 풍긴다. 그래서 나도 완시재 흉내를 내 보자고 별러오다 걸어놓은 현판이 소서재小書齋이다. 이것은 판교板橋 정섭鄭燮의 《서화탁편집書畵托片集》에서 따가지고, 관훈동 서각書刻집에서 판각한 것이다. 50센티미터 가량의 길이이지만, 그것을 걸어놓고 보니 초라한 집이 단박에 탈바꿈을 한다.

판교는 18세기 청나라 때 양주팔괴楊洲八怪라 불리는 여덟 사람 가운데 한 사람으로서, 서화에 뛰어난 사람이다. 대竹를 잘한 사람이지만, 나는 그의 글씨에 더 매력을 느낀다.

'소서재'란 조그만 서재라는 뜻으로 풀이되는 말이다. '글재주 없는 사람의 집'이라는 풀이가 될 수도 있다. 이렇게 되고 보면 함축이 너무 커서 걸어놓은 것이 건방지다는 느낌마저 든다. 남이 지어주지 않으면 이런 당호堂號는 생각할 수도 없는 일인데, 판교에 이끌려 걸어놓지 않을 수가 없다.

그러나 내 집의 집안 속은 말이 아니어서, 글씨와 그림 몇 점이 걸리기는 했지만, 초라하긴 마찬가지다. 공간이 옹색해서 서화의 운치가 제 구실을 잃는 까닭이다. 그래서 N씨가 적어준 다산茶山의 벽론壁論을 생각해 볼 때가 있다. "집 안에는 서·화를 각각 걸어두는 것이 좋고, 족자 아래에는 작은 탁자에 괴석怪石 하나와, 작은 분 하나를 앉히면 더욱 좋다. 그러나 그림을 대련對聯으로 걸면 매우 속되고, 사방의 벽면은 모름지기 비워두어야 한다."

이처럼 고담枯淡하고 우아한 실내장치론이 있을 수가 없다. 이런 생각에 젖을 때마다 밖으로 나가 '소서재' 현판을 쳐다보면서 자위自慰를 해 본다. 그리고 고시 한 편을 끌어다붙여, 스스로 '……체' 해보는 것이다. "봄은 갔으나 꽃은 남아 있네. 푸른 골 그늘이 어두워 한낮에도 두견이 우니, 비로소 깊은 골에 와 있음을 알겠네(春去花猶在 靑有谷自陰 杜鵑啼白晝 始覺卜居深)."

완시재 주인이 와 본다면, 자기 흉내를 냈다면서 웃음을 흘리며 '소서재'를 쳐다 볼 것이다.

(1989. 8)

권태

 이상李箱의 수필 가운데, 가난한 시절의 농부 아이놈들이 길 한가운데에 똥을 내지르는 장면이 있다. 그 녀석들의 영상이 머릿속에 잡히는데, 입은 것도 없고 신은 것도 없다. 흡사 땅강아지 모양을 한 놈들이니 놀잇감이 있을 리도 없다. 이짓저짓 다 하다가 길 한가운데 똥을 내지름으로써 심심풀이가 펼쳐지는 것인데, 한 놈이 하니까 옆 놈이 하고, 딴놈이 그것을 보고 또 따라 한다.
 지금은 누가 더 먹느냐로 눈이 뒤집힌 때인데, 그놈들은 먹은 것도 없이 — 먹었대야 푸성귀 따위일 터이지만 — 누가 많이 내지르기를 하느냐로 내기를 하는 것이다. 대낮에 구린 것을 내지르고도 시원스레 했을 녀석들의 그 내기가 애교 있는 내기이다.

아마추어 사진 작가가 준 천연색 사진 한 장이 내게 있다. 나는 이 사진으로 적지 않은 위안을 얻는다. 어딘지는 알 수 없으나 깊은 산중이다. 화면 배경이 울창한 숲의 태산인데, 이 산중에 울타리 없는 너와집 한 채가 화면의 주채를 이룬다. 부엌에 이어 ㄱ자로 헛간이 붙어 있고, 아래 윗방해서 글자대로 초가 삼칸.

문종이가 찢어진 채 방문이 열려 있다. 윗방문 중방 위에는 씨오쟁이처럼 다래끼 하나가 매달려 있다. 산나물 말린 것이라도 채워져 있겠지. 지붕은 나무 껍질이고, 벽체는 통나무이다. 흙으로 싸발랐으나 군데군데 빠져나와 매끈하지가 않다.

댓돌 밑 뜰에는 캐다 놓은 감자더미가 소담스럽다. 헛간 벽에는 작두가 세워져 있고, 윗방 추녀 밑에는 말아놓은 멍석이 보인다. 비료 부대인 듯한 비닐 부대가 이 집답지 않게 어울리질 않는다. 주인 내외는 일찍부터 밭에 나간 모양이고, 집 언저리는 천고千古의 무게로 적막이 드리웠다. 그러나 정작 주인공들로 하여 적막은 걷혀 있다.

여남은 살 짜리 계집아이가 러닝셔츠 차림으로 어린 것 하나를 업고 있고, 빨강 쉐터 차림의 사내 아이가 그 앞에 서 있다. 감자 무더기 저쪽 끝으로는 단발머리 짜리가 쪼그리고 앉아 있고, 다시 이쪽으로 넷째놈이 고추를 드러낸 채 서 있다. 합쳐서 고만고만한 것이 다섯. 그러고 보니 산중의 내외는 젊은이가 분명하다. 하나에도 부담이 되는 도시인의 눈에 다섯이란 수는 적은 수가 아니다. 후진국 사람들에겐 오락물이 없다는 말을 한다. 그래서 아이를 많이 낳는다고 한다.

동지 섣달 기나긴 산중 밤이, 이 집 젊은 주인에겐들 지루한 밤이 아닐 수 있었겠는가. 하지만 첩첩산중의 무게를 버티는 데에, 그들의 숫자가 많은 것은 아니다. 자연을 따라 자연 속에서 사는 그들에겐, 아귀다툼을 해야 할 절박함이 없다. 울타리도 없이 사는 그들의 모습을 보면서, 나는 대낮에도 대문을 닫고 살아야 하는 나를, 날마다 그 속에서 보아야 한다.

버스 정류장에서 아까부터 리어카 장수를 지켜보고 있다. 중년 사나이 하나가 홍합 생조개를 그득히 싣고 와 있으나 아무도 들여다보는 이가 없다. 늦은 봄의 해는 정오를 기운지 오래 되고, 여름 못지 않는 볕이 내려쪼인다. 이렇게 되면 저 생물들은 어떻게 되는 거지.

리어카 주인은 안 해도 될 짓을 되풀이한다. 조개 무더기를 그러 올리면 무너져 내리고, 무너져 내리면 그러 올린다. 팔리지 않는 사과에 윤을 내면서, 바꿔 쌓아 보는 사과장수처럼.

리어카 장수는 그 사람만이 아니다. 패션 물결이 넘치는 거리에 채소를 싣고 나온 여인이 있다. 얼굴이 볕에 그을은 여인의 머리위에, 어디서 날아왔는지 나비 한 마리가 나풀거린다. 나비의 날갯짓이 팔리지 않는 채소의 리어카를 더 적막하게 한다.

(1989. 9)

옛 향기 산책
가벼운 서가書架의 무거운 책
귀뚜라미 우는 소리
나지막한 집을 그리며
도둑
삭막해져 가는 가슴
목척다리 아래 물은 흐르고
미망迷妄의 계절 자락에
할아비와 손자

옛 향기 산책

 통문관通文館엘 들어서면 산적山積한 고서古書 더미의 향기에 쌓인다. 이중에서 내가 볼 수 있는 것은 광복 전후의 것이 고작이고, 그 밖의 것은 모두가 전문학자들이나 보아야 할 한적漢籍들이다. 그런 틈에서 백범白凡선생이 붓글씨로 오吳 모 씨에게 서명을 해준 '백범일지白凡逸志' 한 권을 구하였다. 초판본이어서 귀중할 뿐 아니라, 서명을 한 선생의 생전 진필眞筆이 더 귀중하다. 그 후 근원수필近園隨筆 초판본을 비롯해서 몇 가지를 구하였는데, 시·서·화인들의 인각印刻을 모은 위창葦滄의 근역인수槿域印藪도 볼만한 책이다. 거기에는 우리나라 전각篆刻예술이 모두 담겨져 있다.

 책방엘 들어서면 주인 山氣丈은 가끔 다방으로 안내하여 맞아주었다. 그럴 때마다 옛 향기 속에 묻혀 지내는 그 분을 보면서, 아무 것도 해놓은 것 없이 가난뱅이로 살아온 나로서는 고서古書 향기에 젖어 지내는 그 분보다 부러운 일은 없을 것이라 생각하였다.

통문관 주인의 '책방비화'에는 그 분의 평생이 담겨져 있다. 자수성가自手成家로 시작한 야시장夜市場 책방이, 지금은 한국의 석학碩學뿐만 아니라 외국의 학자까지 드나드는 문화공간이다. 내가 그 분의 '책방비화'를 곁에 놓고 있는 것은 그 책이 고스란히 옛 향기를 발하는 까닭이다. 사랑이네 고독이네하는 젊은이에게는 흥미가 있을 리 없는 책이지만, 언제라도 펴들면 타임머신을 탄 것처럼 고색창연古色蒼然한 향기 속으로 젖어든다. 전적·서화 등에 얽힌 일화들을 통해서 선인들의 교양과 지식과 지혜 등에 접하게 되고, 고난에 찼던 일제하의 일들도 되살아 난다. 일제에게 도둑맞았다가 광복 후에 되찾아온 국보 — 세한도歲寒圖 얘기라든가, 월인석보月印釋譜에 따른 얘기, 가짜 추사秋史 글씨에 얽힌 실수담 그리고 고문서를 사들였다가 일경日警에게 곤욕을 치른 일 등, 하나같이 관심을 끌지 않는 얘기가 없다.

추사는 글씨도 글씨이지만, 웃지못할 일화에 더 흥미가 따른다. 분명한 추사로 알고 산 것이 가짜이어서, 요절 복통할 후분을 남기는 것이 추사 글씨이다. 추사는 알아도 완당阮堂은 모른다는 우스개 말대로, 멋도 모르는 복부인까지 끼어들어 바람을 일으킨 일이 있으나, 지난날 경무대(지금의 청와대)에 들어간 것 중에는 가짜가 더 행세를 했다는 후문後聞도 있다. 여하간 추사는 일세一世를 풍미風靡해서 그를 본 딴 대원군大院君을 비롯, 소치小痴 우봉牛峰 등이 추사를 방불케 한다.

나에게도 추사 글씨 얘기 하나가 있다. 70년대초, K시인에게 볼만한 것이 있다며 N씨가 알려왔다. 서예가 한 사람과 함께 세 사람이 시인의 집으로 갔다. 시골출신 제자가 맡겼다는 그 액자에는, 두 개의 글자가 큼직하게 쓰여져 있었다. 대문을 들어서자 건넌방 문틀 위에 걸린 그것이 시야에 가득히 들어왔다. 감식안鑑識眼이 높고 수장품收藏品도 꽤 가지고 있는 시인은, 그 글씨의 신운神韻에 빨려 자다말고도 일어나본다고 극찬하였다. 우리는 액자를 내려놓고 감상하는 모습까지 사진으로 담았다. 볼 줄 모르는 나는 남이 하는대로 그저 덩달아 감탄에 겨워, 큼직하게 뽑아 보내온 액자 글씨 사진을 보물처럼 챙겨왔다. 그런데 며칠 후 N씨에게서 전화가 오기를 진품이 아니라는 얘기이다. 그 말을 듣고, 서로가 침이 마르게 감탄하던 모습들이 떠올라 혼자 실소失笑를 금할 수 없었다. 이토록 진가眞假를 구분할 수 없는 것이 추사글씨이다. 그런 점에서 어느 면에선 가짜라는 것이 진품일지도 모른다.

이보다 앞선 일인데, 볼만한 것이 있다며 N씨가 전화를 한 일이 있다. 앞서 말한 K시인이 흥정을 하다 만 것이 있으니 생각이 있으면 보라는 것이었다. 값을 물어보니 내가 갖기엔 비교적 알맞은 것이었으나 그대로 선뜻 내킬만한 값이 아니었다. 세로 26㎝, 가로 22㎝ 크기에, 칠언七言 네 구절이 담긴 시초詩草인데, 있어야 할 낙관이 없는 것이 흠이었다. 그러나 누가 무어래도 추사라고 N씨는 못을 박았다. 그러면서 며칠 전 일이니, 그동안에 임자가 나타났을지 모른다며 서두르라는 것이었다.

이쯤 되고 보니 결단을 아니 내릴 수가 없어, 늦가을 가로등 불이 켜질 무렵 세 사람은 또 거리로 나섰다. 없어지지나 않았나 하고 슬며시 진열장을 들여다 보았더니 그대로 있는 것이 보인다. 이런 때 눈독이 잦다 싶으면 값이 달라진다며 N씨가 나서서 주인을 찾았다. 그러자 점원이 말하기를, 제가 말하는 값대로라면 내줄 수가 있다하여, N씨는 점원의 말에 이유를 붙였다. 낙관落款도 없고 뭉개진 글자가 두 개에다가 끝귀절에 도 글자 두 개가 없으니, 어찌 제값을 바라겠느냐 하였다. 점원도 그럴듯했던지, 길 건너 대포집에 있다는 주인을 부르러 달려나갔다. 그러자 반쯤 길을 건넌 점원을 N씨가 갑자기 불러세웠다. 이유인즉 술기운으로 돌아온 주인의 입에서 딴 소리가 나오기 십상이란다. 그러니 긁어부스럼이 되기 전에 두말말고 들고가자 하여 들고 왔다.

며칠 후 추사전집秋史全集에서 찾아냈다며, 뭉개진 글자와 떨어져 나간 글자를 N씨가 알려왔다. 내용인즉, 칠석날 소년 제자들과 함께 시를 지어 읊은 감회이다.

표구해 놓은 것을 꺼내놓고 보니, 구한 날짜가 70년 가을이다. 후에 들은 얘기지만, 물건은 제각기 임자가 있다면서, 내게로 온 추사 시초를 놓친 것을 K시인은 퍽 애석해 했다 한다.

(1990. 9)

가벼운 서가書架의 무거운 책

 평생동안 해도 모자라는 것이 책 읽는 일인데도, 그런 일을 게을리해 이제와서 읽으려고 하나, 노안老眼에 시력마저 상해서 게을리했던 일에 후회가 따른다. 누가 묻는다면 다시 태어나 책을 읽겠다는 것이 솔직한 고백이다.

 세상에는 읽는 일 못지 않게 책을 모으는 일에도 정성을 쏟는 이가 있다. 독서계에 이런 장서가藏書家 뉴스가 전해지지만, 범죄 소식만이 가득한 속에서, 그런 소식은 유익한 뉴스가 아닐 수 없다. 만권시서萬卷詩書니 천권책으로 세월을 보낸다(消磨歲月書千卷)느니의 시구가 있지만, 이런 말보다 삶의 값진 뜻이 담긴 말이 달리 없을 듯하다.

 장서가에게는 자연히 희귀본이 있어 화제가 인다. 그러나 책을 모으는 일은 아무나 할 수 있는 일은 아니다. 첫째로 책에 대한 애정이 있어야 하고 탐구열이 따라야 한다. 나는 연구가도 아니고 학자도 아니어서 옛 책은 고사하고, 읽고 싶은 신간新刊 조차도 그때 그때 사지 못하며 살아왔다. 광복 전후해서 혼자 떠돌며 고리짝에 꾸려가지고 다니던 몇 권의 책마저 난리통에 없어졌다. 이후 몇 권의 책도, 다시 읽어야 할 만큼 언제 읽었더냐 싶게, 읽었던 내용이 기억에서 멀어져 간다.

몇 권 안 되는 책 중에는 피난살이 때 고서점에서 산 것이 있다. 속표지에 산 날짜를 써 넣곤 하였는데, 지금 보면 흘러간 시간에 얽힌 감회가 새로워진다. 1950년 5월에 펴낸 일본 신조사新潮社의 세계문학전집 중 '근대시인집'에는 1953년 6월 30일로 적혀 있다. 휴전을 앞두고 전쟁이 한층 치열하던 때이고, 고향의 아버지 어머니 생사도 생각할 겨를 없이, 피난지 대전에서 먹고 자는 일에 골몰하던 시절이었다.

역시 대전 목척다리 헌책방에서 세계명시선을 산 것이 있는데, 이것은 국내 출판사 산해당山海堂에서 펴낸 것이다. 여기에는 55년 8월로 적혀 있다. 제본이 잘못되어, 앞에 붙어야 할 속표지가 뒤에 가서 거꾸로 붙어 있다. 그만큼 엉성한데, 이런 것이 그 시절 어수선했던 상황과, 나의 고생스러웠던 옛정을 되살려낸다.

서울로 돌아온 후 특별한 것은 없었으나, 조선미술대요朝鮮美術大要를 산 것이 있다. 이 책은 화가요 교수인 김용준金瑢俊의 저서로, 우리나라 미술에 대한 초보적 교양서로서 매우 훌

륭한 책이다. 입수한 것이 60년대 초 관훈동 고서점에서였다. 47년 6월에 출판된 것인데, 이 책으로 말하면 내가 살 무렵 60년대에는, 이른바 금서여서 드러내놓고 사고 팔고 할 수가 없었던 것이다. 김용준은 수필계에서 근원近園으로 더 알려져 있지만, 나는 그의 수필에 드러나는 풍류에 반한 사람이다. 그가 펴낸 초판본 '근원수필'도 금서禁書 중의 하나였지만 이것 역시 그 무렵에 구하였다.

그러나 무엇보다도 70년 1월에 역시 관훈동 고서점에서 구한 백범일지를 빼놓을 수 없다. 47년 12월에 초판본이 나왔지만, 이 책은 48년 3월에 나온 재판본이다. 볼품이 없는 활자에다 종이가 좋지 않고 인쇄술마저 발전되지 않은 때라서, 읽어 내려갈 수가 없을 정도로 상태가 좋지 않다. 내가 이 책을 아끼는 까닭은, 책도 책이지만 속표지에 선생의 육필肉筆 붓글씨가 자서自署로 들어 있는 까닭이다. 선생이 절세의 애국자임은 세상이 다 아는 일이지만, 서가書家의 자리에서도 꼽히는 분이어서, 이런 책을 갖게 된다는 것은 좀체로 얻기 어려운 행운이 아닐 수 없다.

선생의 나라사랑은 서명 글씨 속에서도 살아 숨을 쉰다. 오무영吳武泳이 누군지는 알 수 없으나, '吳武泳仁兄紀念'이라 쓰고, '大韓民國 三十年六月十日 白凡金九'라 밝히고 있다. 그리고 큼직한 전각篆刻도장 '金九之印'이 찍혔다.

이 책갈피를 들치면 책장마다 청사靑史에 빛나는 선생의 나라사랑 발자국이 선연하다. 윤봉길尹奉吉 의사와 거사 기념으로 찍은 사진에 옷깃을 여미게 되고, 글줄마다 국권회복에 건 일편단심一片丹心이 가슴을 쓸어내리게 한다. 내 서가는 보잘 것이 없지만, 보잘 것 없는 가벼운 이 서가가 백범선생의 책으로 해서, 초라함과 가벼움을 면하게 하고 있다.

(1992. 6)

귀뚜라미 우는 소리

 올해는 집 안에서 우는 귀뚜라미 소리를 듣지 못하면서 가을을 맞는다. 아파트 단지로 옮기기 전에는 단독주택 터서리에서 철 따라 피는 꽃을 가꿀 수 있었고, 좁은 터서리일망정 그런 것으로 도시 생활의 삭막함을 달래 왔다. 이런 까닭으로 이사 후 아쉬운 것은, 새장 모양의 주택구조 속에서 그런 것과는 멀어져, 생활 감정의 리듬을 깨고 사는 점이다. 단독 주택에선 그런 대로 흙을 밟고 산다는 생각이었고, 방안에서도 귀뚜라미 소리를 들을 수 있어, 인공人工으로 가득 찬 환경에서나마 자연과 멀어진 것이 아니라는 위안을 받았다. 내가 귀뚜라미 울음을 말하는 까닭은 그놈의 울음에서 세월의 흐름을 듣게 되고, 천하가 돌아가는 이치마저를 생각하게 하는 까닭이다.

더위가 고비를 넘는 8월 중순께면 몸과 마음이 지칠 대로 지친다. 한낮의 열기가 물러서기를 바라 볕이 그늘기를 기다리지만, 내뿜는 지열地熱에 숨은 여전히 막힌다. 이즈막에는 냉방 장치로 더위를 모르며 지내는 풍습으로 바뀌어 가나, 더울 때는 역시 덥웁게 사는 것이 제 모습이다. 아무튼 8월의 꼬리가 사라지기까지는 더위 속에 묻힐 수밖에 없는데, 그러나 사람들은 이때에 정작 가을이 들어와 있음을 모른다. 올해는 입추立秋가 8월 7일이고, 마지막으로 더위가 나가는 말복末伏이 닷새 후인 12일이다. 더위 속에 가을이 와 있다는 얘기이고, 이때에 가을의 소리로 들리는 것이 귀뚜라미 소리이다.

더위 속에 묻혀 지내다 어느 날 홀연히 들리는 귀뚜라미 소리엔 절로 가슴이 철렁해진다. 가을은 만물이 시드는 계절이고, 그렇게 시들어 떨어지는 만상萬象을 귀뚜라미가 알리는 까닭이다. 젊었던 시절의 추억과, 광복을 전후하여 오늘에 이르기까지 어지러웠던 사연들 그리고 동족 상잔의 비극을 혼자 뒤집어쓴 듯한 실향의 아픔 등을, 그놈이 주마등走馬燈처럼 펼쳐 놓는다. 동서 고금의 문사文士들이 귀뚜라미 울음에 가을을 쓸쓸하다 하였지만, 그와 같이 가슴속 적막감을 저며낸다.

돌이켜보면 오늘처럼 안팎도 없고 아래위도 없이 부도덕한 일로 새고지는 날이 없다. 법의 위신마저 서지 않는다며, 사회를 이끈다는 사람들이 걱정을 하지만, 창 밖에서 우는 귀뚜라미 울음을 듣고 있으면, 그놈만이 오늘을 진실하게 걱정하는 것으로 들린다. 어리석인 자들이여 하고 연민憐憫에 찬 말로 탄식하는 것 같고, 말은 해서 무엇하랴 하는 것 같기도 하다. 가을벌레 소리는 여러 가지가 있어도, 그놈의 울음은 폐부肺腑로 스며서, 사람의 마음을 흔들어 놓는다.

옛글에 적혀 있기를 귀뚜라미는 집안에서 사람과 함께 사는 놈이라 하였다. 이런 것으로 미루어 보면 옛사람들도 귀뚜라미 울음에 삶의 의미나 가치를 생각했음직하다. 인간이 벌이는 허상虛像에 대해 환멸을 느꼈음직도 하다. 사람들은 지금 계절의 이치마저 무시하면서, 생활과 무관하다는 듯이 살아간다. 서리를 맞아야 하는 국화의 의지를 꺾어 여름꽃으로 만들어 놓고, 그것이 삭막하다는 것조차를 모른다.

나는 지금 2층에 앉아 창 밖의 풀밭에서 우는 귀뚜라미 소리를 듣지만, 언제 들어도 그놈은 혼자 말한다. 준절峻切하게 나무라는 것 같기도 하고, 체념의 장탄식 같게도 들린다. 두려움을 일깨우는 우레 소리로도 들리고, 어머니의 말씀처럼 자애롭게도 들린다. 잘난체 나서지 말고 물러설 줄도 알라 한다. 다글심만 부리지 말고 나눌 줄도 알라고 말한다.

한낮의 더위 속 바람이 신량新凉을 싣고와 귀뚜라미 소리위에 풀어놓는다. 추성부秋聲賦의 구양수歐陽修가 가을 바람을 쓸쓸하다 한 것도 이런 것이었을까. 살갗에 와 닿는 바람에 그림자가 쓸쓸하게 드리운다. 길에는 엷어져 가는 볕이 내리고, 귀뚜라미 소리는 적막을 더 저민다. (1992. 8)

나지막한 집을 그리며

　고향 읍내에는 납작한 초가와 양철집에 섞여, 세 채의 2층 집이 있었다. 40리 길의 집을 떠나 이 읍내 학교를 다니면서, 처음 보는 그 2층집을 경이로운 눈으로 바라보았다. 고향 읍은 휴전 이후에 수복이 되었으나, 지금은 옛 모습이 간 데 없고, 현대식 건물로 일신하였다. 광복을 거쳐 6 · 25 이후에 변한 것으로 말하면 어딜 가나 마찬가지이지만, 이렇듯 변모한 고향 읍에 갈 때면 지난 날의 모습들이 그리워진다.

　그런 중에서 소년시절의 회상을 간직한 구조물 하나가 남아 다행스럽다. 북만주로 달리던 증기기관차에 물을 넣던 급수탑이다. 높이가 3층만 해서 우리들은 그것을 읍내에서 가장 높은 집이라 불렀다. 이것이 6 · 25전쟁으로 반동강이 되어 남은 것인데, 이 모습을 볼 때마다 동족끼리 벌인 처참한 역사를 되새기게 되어 고향의 어린 추억이 가슴 아프다.

 경원선 열차를 탈 때 떠오르는 전쟁의 상처는 그것만이 아니다. 우르릉거리는 포성이 북쪽으로 올라가 수복이 되긴 했어도, 지축을 흔드는 포화소리가 사라지지 않던 때였다. 의정부까지만 운행되는 기차에서 내려섰을 때, 거짓말 보태지 않고 시가지에는 한 채의 집도 보이지 않았다. 글자 그대로 잿더미였던 그곳이 지금은 시市가 되고, 빌딩 숲을 이룬 속에서 차량의 물결이 북새통이다. 나는 이곳 의정부를 지날 때면 세월이 바꿔 놓은 상황들에 그저 감탄할 뿐이다.

 여하간 전쟁 이후로 인구가 늘어나고 살아가는 모습들이 영악해지면서, 자연을 벗어나는 생활 방식에 젖어들고 있다. 흙을 떠나서는 살 수 없었던 것이 흙을 떠나 사는 시대가 되었다. 나는 서울에서 반생을 살면서도 서울을 처음 보는 사람처럼 살아간다. 소년시절 남산에서 내려다보던 일에 대면, 지금의 서울 모습은 상전벽해桑田碧海라는 말밖에 다른 표현으로 할 말이 없다. 명동 성당의 첨탑이 가장 높게 보이는 것도 인상적인 것이었지만, 높은 건물이라야 고작 4~5층 짜리가 몇 개였을 뿐인 것이었다.

 청량리 동대문 사이 가로수옆 길가가 논이었던 것도 잊혀지지 않은 것 중의 하나이다 제철이면 거기서 우는 개구리 소리가 삭막해지려는 도시를 건강하게 하였고, 처서處暑가 지나면 한강물이 맑아져서 그것으로도 가을이 왔음을 알곤 하였다.

강화江華에서 밀물을 타고 올라온 황포돛배가 마포나루에 새우젓독을 풀었던 것도 잊을 수 없는 풍경이다.

나는 변모한 중에서도 종로 네거리에서 안국동으로 올라가는 주변이 변한 것에, 아쉬움을 더 느낀다. 나지막한 추녀들이 들어섰던 자리, 이끼낀 기왓장에 묵은 세월들의 그림자가 드리우던 그 거리에 서면, 비를 맞아도 급하지 않았던 선인들의 여유 같을 것을 느끼곤 하였다. 그러면서 마음이 평온해지곤 하였다.

사람이 굴을 파고 살기 시작한 혈거六居시대 이래, 궁리해 낸 것이 창구멍이다. 지금은 이 창구멍이 자연을 받아들이고자 하는 뜻과는 상관이 없게 돼간다. 한낮에도 창문을 닫고 불을 밝히고, 한여름에도 창을 열지 않으면서 산다. 그는 지금도 24층에서 첨단 과학시대에 살고 있지만, 이렇게 사는 모습이 제 모습으로 사는 것이라고는 생각할 수가 없다.

(1993. 3)

도둑

 조선조 말에 홍기섭洪耆燮이라는 이의 집에 도둑이 들었다. 그런데 훔쳐갈 것이라곤 눈을 씻고 봐도 없고, 먹을 것을 찾아 솥뚜껑을 열어보았으나 밥은 언제 해먹었는지조차 알 수 없었다. 도둑은 중얼거리기를, 이런 집구석이 다 있나 하고 가지고 있던 엽전 일곱 꾸러미를 솥에 놓고 달아났다.
 홍기섭은 본시 집안이나 친척 또는 친구를 찾아보기를 좋아하였다. 도둑이 든 이튿날도 일찍 일어나 계집종에게 세숫물을 놓으라 하였다. 그리하여 부엌으로 나간 계집종이 솥안에 든 돈을 보고 소리쳐 말하기를, 하늘이 도와 돈이 생겼으니 쌀과 나무와 고기를 사서 배불리 먹자고 하였다. 그도 주인을 따라 굶주렸던 까닭이다.
 그랬으나 홍기섭은 고개를 저었다. 하늘이 도왔을 리 없고,

누군가가 잘못 두고간 것일 터이니 돌려줘야 한다고 하였다. 그리고 온종일 들어앉아 돈 임자가 찾아오기만을 기다렸다. 대문에는 돈을 찾아가라는 방榜까지 써 붙였다.

해가 저물자 뒷일이 궁금해진 도둑이 슬며시 찾아와 동태를 살폈다. 그런데 돈을 찾아가라는 방이 붙어있질 않는가. 도둑은 비록 도둑질로 살아가기는 하지만, 이런 사람이 다 있는가 하고 종을 불러 주인을 물었다. 그리고 안내를 하라고 하였다. 도둑은 홍기섭 앞에 나가 무릎을 꿇고, 어젯밤 돈은 자신이 놓고간 것이니 받아달라고 간청하였다. 그러면서 용서를 빌며 말하기를, 오늘 비로소 이 세상에서 진짜 양반을 뵙는다 하고 홍기섭 밑에 있게 해 달라 하였다.

홍기섭은 후에 관직에 오르고 손녀가 헌종憲宗왕비가 되어 지체가 높아졌다. 도둑의 성은 유劉라고만 알려져 세상 사람들은 그를 유군자劉君子라 했다고 전한다. 이 일화逸話는 대동기문大東奇聞에 전해지는 얘기인데, 몇 번을 읽어도 읽고 싶은 얘기이다.

연전에 인물전을 TV드라마로 내보냈을 때, 그 때의 주인공이 한 말이 유행하였다. '민나 도로보'라고 한 말인데, 이 말은 '모두가 도둑'이라는 일본어이다. 드라마 작가는 이 말을 통해서 오늘의 부도덕한 사회상을 찌르고 싶었던 것으로 짐작이 간다. 오랫동안의 군사정권이 막을 내리고 민간정부가 들어서면서, 사정司正바람으로 드러나는 지도층 인사들의 모습을 보면, 아닌게 아니라 '민나 도로보'라는 말을 실감하게 한다. 드라마 속의 주인공은, 자신이 부도덕하고 간교한 방법으로 출세를 하면서, 그리고 재물을 모으면서 모두가 도둑이라고 하였다. 이 말은 오늘에도 그런 상황임을 잘 풍자한다.

　사람이 사는 곳이면 어느 나라 어느 시대고 도둑은 있어 온다. 앞으로도 있을 것이지만, 문민정부 시대가 열리면서 국민의 관심을 끈 것이, 이른바 지도급 인사들의 재산공개다. 결과가 하나같이 도둑질한 면을 드러내보여서, 정직하게 사는 사람들을 허탈감에 빠지게 하였다. 서민들의 평생을 건 소망이 내집을 마련하는 일인데, 그 꿈을 깨뜨린 것이 땅값 집값을 올려놓은 투기꾼들이다. 이런 바람을 일으킨 자들이 지도급인사로 드러나, 국민들은 제몫을 도둑맞은 것으로 생각한다.

　도둑에는 큰 도둑이 있고 작은 도둑이 있다. 나라를 위한다느니 인민을 위한다느니 하면서, 권력으로 민권을 빼앗는 것이 큰 도둑이고, 그 밖의 도둑은 조무래기 도둑이다.

　그런데 사람들은 물질의 도둑은 맞지 않으려 하면서도, 정작 정신을 도둑맞는 일에는 느슨하다. 정신적 도둑의 해독보다 더 큰 피해는 없다. 물질의 풍요를 누리기는 하지만 우리는 그런 일들로 정신이 마비된 환자가 되어 신음중이다. 존경 받아야 할 부자가 떳떳하지 못한 세태, 도둑질을 하고도 부끄러워할 줄을 모르는 지도층……. 홍기섭과 같은 공직자, 유군자와 같은 도둑이었다면 그런 세상은 그래도 살맛이 나는 세상이다.

(1993. 7)

삭막해져가는 가슴

처음 만나는 사람에게선 첫인상이라는 것을 받게 된다. 그 첫인상이란 것이 어딘지 모르게 호감이 가는 이가 있는가 하면, 뚜렷하게 흠이 있는 것도 아니면서 거부감을 일게 하는 이도 있다. 여자나 남자나 마찬가지이지만, 호감을 주는 이를 만나게 되면 경우에 따라서는 말을 붙여보고 싶기까지 하다.

내가 인상에 대해 말하는 것은, 흔히 말하는 용모 — 미인형 따위를 말하는 것이 아니다. 얼굴의 색깔로 말할 것 같으면 볕에 그을어 건강한 인상을 받는 경우라던가, 모습으로 말하면 모난 데가 없어서 편안한 인상을 받게 되는 것을 말한다. 이런 인상은 어디서고 만날 수가 있는 것인데, 차 속에서도 보고 가다오다하는 거리에서도 만난다. 대체로 차림새가 소탈하면 돋보일 때가 있고, 그렇지 않으면 용모가 오히려 묻히기도 한다. 이런 경우를 자연에다 비유한다면 인공미를 가하지 않음으로써, 자연미를 보존하는 것과 같다할 일이다. 여하간 용모는 예부터 중요하게 여겨온 까닭에 신언서판身言書判이라 하였다. 신수·말씨·문필·판단력을 말하는 것으로서, 풍모를 앞세우는 까닭은 그것이 남에게 호감을 준다는 데에 있을 것이다.

하지만 풍모가 다 그럴 수는 없는 일이어서, 유를유를해 보이는 인상, 교활한 속을 내보이듯 하는 인상, 처음 보는데도 구면처럼 느껴지는 인상 등으로 만인이 각색이다. 어쨌든 타고난 대로의 모습으로 살 밖에 없는 일인데, 인상은 직업에 따라 후천적으로 바뀌어진다고도 한다. 여하간에 나는 밀랍으로 깎아만든 듯한 인상보다는, 수더분하고 언틀민틀하게 — 어찌보면 촌사람답게 보이는 쪽에 호감이 간다. 이러해서 꽤 미모인 결혼 상대가 나타났을 때, 그것이 내 첫인상에서부터 멀어져가게 한 일이 있다. 내가 잘 생기지 못한 열등의식 때문일 것이지만, 지금도 여성잡지의 광고 모델과 같은 용모에는 이끌리지가 않는다.

아무튼 나의 용모에 대한 감각은, 아름다움이란 자연적이라야 하고, 인공이 가해져선 본래의 것을 잃는다는 데에 있다. 그런 까닭에 장미나 튤립 같은 꽃은, 자연의 야생성野生性을 벗어나 조화造花 같은 인상이어서, 썩 좋게 보지 않는 편이다. 인간이 처한 오늘의 환경을 보면 날이 갈수록 삭막해져 간다고 하지만, 이것은 사람들이 자연적인 것을 놓아두지 않고 매사에 인공을 가한데서 오지 않은 것이 없다.

사람도 살을 붙이고 뼈를 깎고 해서 용모를 꾸미는 시대가 되었지만, 몸에서 풍기는 아름다움을 용모에만 두고 말할 수는 없다. 이런 관점에서 여인의 아름다움을 말한다면, 나는 그것을 아기에게 젖을 물린 모성애의 표정이라 말하고 싶다. 한국의 여인 — 우리의 할머니와 어머니들은 옷매무새를 중히 여겨 앞가슴을 드러내지 않아 왔다. 겨드랑이까지 치마허리를 추키고도 끈으로 다시 단속하였다. 이렇게 단속을 한 가슴이지만, 아기에게 젖을 물릴 때에는 처소와 때를 가리지 않고 풀어헤쳤다. 이 모습을 아름다운 것이라고 나는 감히 말하고자 한다. 근래에는 이런 모습이 잘 띄지 않는데, 여인의 상징 — 풍만한 가슴도 이와 함께 사라져가는 것을 본다.

여성에게서 거룩한 것은 무엇 무엇이니해도 모성애를 빼놓고 말할 수는 없다. 한국의 어머니들은 그런 거룩한 자리를 지난날에 누렸으나, 지금은 외적인 것으로만 흘러 아름다움을 가꾸는 척도가 변질돼 간다. 천부의 아름다움이 모성의 샘줄인 젖가슴이건만, 그런 젖가슴을 말려 붙이면서까지 모성부재 母性不在의 이기주의로 흐른다.

소년시절에 나는 교실에서 여선생님이 아기에게 젖을 물리시는 것을 보았다. 일인 교장 밑이던 그 시절에, 우리는 철모르면서도 선생님의 그 모습을 우러러 보았다. 나는 5남매 중 막내로 태어나 너댓살이 넘도록 어머니의 젖가슴을 떨어지지 않았다. 그래서였는지 젖을 물리시던 선생님의 표정이 잊혀지지 않는 회상으로 남는다.

이즈막 아이들은 거의 모두가 모유가 아닌 우유로 커간다. 이런 세태를 무슨 말로 비유해서 해야 할 지 적합한 말을 찾을 수가 없다. 손주놈이 우유를 달라며 보채기에, 하는 양을 보려고 가슴을 연 할미가 젖꼭지를 내 보였다. 제 아비나 고모들의 경우라면 허겁지겁했을 장면인데, 한참 바라다만 보더니 외면을 하고 마는 것이었다.

나는 그 광경을 지켜 보고나서 탄식하였다. 지구상 문명국의 어린 것들은 거의가 모체의 젖가슴과 체온을 모르면서 자라간다. 이것은 바로 우주의 질서 한 모퉁이가 모성애에서부터 무너져 내리는 증거다. 자연의 이치와 의미를 거부하는 것을 과학하는 삶이라 하지만, 여성에게서 젖가슴이 사라져가는 것을 보면, 들판에 내던져져 가고 있는 느낌에서 벗어날 수가 없다. 모체의 젖가슴과 모체의 체온을 모르고 자라는 생명들. 세상이 삭막해져 간다고들 하나 이보다 더 삭막한 것이 있으랴 싶다.

(1994. 1)

목척다리 아래 물은 흐르고

휴전을 앞둔 전세가 한층 치열하던 50년대 초, 이때가 혼자서 떠돌던 나에겐 가장 슬프고 외로웠던 시절이었다. 대전역 앞 원동에 수공업으로 하는 왕골 공장이 있었다. 거기서 나는 입만 얻어 먹으며 나날을 보냈다. 신사용 여름모자를 짜는 한편, 왕골 슬리퍼와 매트를 짜는 소규모 업소에 나이 지긋한 배씨라는 책임자와 청년 하나 그리고 7~8명의 처녀공들이 종업원의 전부였다.

그들 밑에서 시중을 드는 잡역雜役이 내게 주어진 임무였다. 발랄한 여공들이 노래를 부르면서 모자를 짰고, 그들이 부르는 대중가요로 그때에 나는 많은 노래를 들었다. 대전발 0시 50분, 비내리는 호남선이니 하는 가사들이 가슴의 상처를 건드리곤 하였다. 연일 고조되는 전투 소식 속에서, 전쟁 마당이

된 고향의 늙으신 어머니 얼굴을 떠올리곤 하였다.

내가 하는 일의 댓가는 입만 얻어먹는 일이어서, 밤 늦도록 하고 받는 세끼의 보리밥밖에 바랄 것이 더 없었다. 그 무렵 주인집엔 가엾게도 나이어려 홀로된 여자가 가정부로 있었다. 나는 청순하고 수줍은 그녀가 은근케 정을 담는 듯 차려주는 밥상을 받곤 하였다.

날마다 같은 일을 밤 늦게 하던 날이다. 공장 안에 논산 평야에서 따온 자운영紫雲英 꿀 초롱이 대여섯통 있었다. 배씨와 청년은 사발에 따라 마셨고, 나는 꿀통에 입을 댄 채 배가 차도록 들이마셨다. 그리고 속이 달아 열흘동안 밥을 먹지 못하였다.

청년과 함께 밥그릇 비우는 선수들의 이런 모습을 본 안주인이, 처음으로 고된 일에 수고들을 한다며 치하를 하였다. 그러나 웃을 수도 없어 그저 꿀먹은 벙어리가 되었다. 안주인은 우리들 밥에 쌀을 더 넣어주었으나, 입안이 깔깔한 것은 마찬가지여서 단단히 벌을 쓰는구나 하였다.

왕골공장은 그 후로 부진하여 그나마 그 곳을 떠나야 했다. 어디로 가야 할지 막막했으나, 도둑질 빼고는 못해낼 것이 없었다. 이렇게 해서 얻어진 일자리가 대전을 벗어난 시골 정미소이다. 먼지를 쓰는 노동현장이었으나 역시 입만 얻어먹는 조건이었다. 나아진 것이라면 보리밥 세 끼가 쌀밥으로 바뀌고 배불리 먹을 수가 있게 된 것 뿐이었다. 나는 국민방위군으로 굶주려 상했던 몸이 되살아났다. 부쩍부쩍 기운이 솟아 백

킬로 가까운 쌀가마를 작대기도 짚지 않은 지게로 부지런히 배달하였다.

정미소 숙직방은 글자 그대로 고독한 심신을 감싸주는 안식처였다. 일과가 끝나면 엔진기술자는 나에게 비관을 말라며 노래를 불러 위로하였다. 나도 따라 부르곤 하였지만, 극한 상황에서 그 때의 세끼 밥으로 만족하던 이상의 행복감을 가져본 일이 없다.

정미소에서 일하기 전, 대전에선 울적한 시간이 잦았다. 그럴 때면 대전을 중심으로 흐르던 목척다리에서 비오는 날이면 난간에 기대어 흐르는 물을 보곤 하였다. 고달픈 탓이기도 했으나, 어쩌다 이 꼴이 되었나… 터럭 하나 다치지 않고 난리를 피하는 자가 있다는데 하고, 혼자서 비감을 삭이곤 하였다.

호서문학회湖西文學會와 인연이 닿은 것이 이 무렵이었다. 실의에 찬 나날을 보내면서 헌 책방을 기웃거리기도 하고, 주문한 사람에게 모자를 갖다 주면서 이런 사람 저런 사람들을 만나기도 하였다. 피난살이로 머무르던 문예평론가 홍요민洪曉民씨와 장서언張瑞彦시인을 만난 일도 기억에 남는다. 그 무렵 여름 신사 모자를 쓰는 사람은 이런 사람들이었지만, 여간한 멋을 지니지 않고선 쓸 수가 없었던 시절이다.

아무튼 누구를 만나도 내 상처는 어루만져지지 않았다. 정훈丁薰선생 천薦으로 문학회에 참여하게 된 것이 조금은 위안이 되었고, 몇몇 문우가 일자리를 걱정해 주던 일도 고마운 회상으로 남는다.

  그때의 시름을 덜게 한 것은 목척다리를 흐르던 물 뿐이었다. 아뽀리네르는, 미라보 다리 아래 쎄에느는 흐르고…… 하고 사랑을 노래했지만, 나는 다리 난간에 기대 이산의 아픔과 분단의 고독을 흘렸을 뿐이었다. 그때로부터 40년…… 물은 흐르고 젊음도 흘렀건만 흘러야 할 아픔들은 흐를 줄을 모른다. 노래는 부르던 여공들 그리고 방앗간 숙직방 등……. 목척다리에 실린 아픈 추억은 감미로운 회상이 되어 되살아 난다.

(1994. 4)

미망迷妄의 계절 자락에
— 상허尚虛의 궤적軌跡에 붙여

　한달에 한 번씩 모이는 문우회 모임에서 상허 이태준尚虛 李泰俊의 수필 〈벽壁〉을 논하였다. 젊었을 때 그의 소설을 읽었으나 문장강화文章講話 서간문강화書簡文講話도 잊히지 않는 그의 글이다.
　다 아는 일로, 1939년 1월에 창간한 문예지 '문장文章'이 있다. 이 잡지는 일제日帝의 조선어 말살 정책에 의해 1941년 4월에 폐간되었다. 이 문예지에서 후진後進을 이끈 이가 시에 지용芝溶이고 소설에는 상허다. 그런데 이 '문장'의 창간사가 한국인의 정서답지 않게 황도정신皇道精神 운운云云하여, 일제의 탄압이 심하던 때였음을 모르지 않으면서도 그 글을 보는 심정이 지금도 착잡하다.
　이렇게 저들의 비위를 건드리려 하지 않았으면서도, 文章지는 결국 2년여의 명맥命脈을 잇지 못하였다. 그리고 이런 상황에서 붓을 던지지 못한 사람들의 붓 끝에 친일親日이라는 딱지가 붙어, 오늘까지도 구설口舌에 오르내린다. 지용芝溶도 붓을 던지지 못하였고, 상허尙虛도 자국을 남겼다. 지구상에서 뜻대로 살 수가 있는 곳이 있다면… 해보는 때가 있으나, 그럴 수 없는 것이 세상 일이다. 문인에게는 그런 고뇌와 갈등이 더 따라 글 쓰는 일에 의미가 붙어다닌다. 당시에 붓을 꺾은 이가 없지 않아서, 그런 안팎을 더 드러내보인다.

나는 6·25전란이 일기 전, 상허가 쓴 〈소련기행〉을 읽었다. 그가 월북해서 소련을 다녀와 쓴 이 글은, 당시 미군정하에서 불길처럼 번지던 좌경이념에 기름을 끼얹는 격이었다. 인류의 이상理想으로 떠받들던 그것이 지금은 보잘 것 없는 허구로 변질되었지만, 많은 사람들이 그 허구에 빠져들었다. 그리하여 자고나면 북으로 향한 사람들의 소식이 전해지곤 하였다.

이처럼 갈려진 길에 상잔相殘의 비극이 메꿀 수 없는 골을 팠다. 소련제 탱크가 밀려왔고, 처절한 전쟁은 피바람을 일으켰다. 남하를 못하신 내 아버지는 저들에 의해 '반동'이라는 죄목으로 비명非命에 가셨다. 이런 남침南侵이 있기 전, 나는 몇 차례 38선을 넘어 늙으신 아버지와 어머니가 계신 고향집엘 다녀왔다. 이념에 빠졌다면 그 길은 평양으로 닿는 길일 수도 있었으나 내게는 내킬 수가 없는 길이었다. 이른바 저들이 말하는 출신성분—소시민적小市民的부르조아 근성과 봉건

사상에 젖어서였는지 모른다. 그러면서도 이쪽의 교육공무원 신분으로 바른 입 놀린다해서 불러다녔다.

문우회 모임에서 상허를 논하였지만, 그의 짤막한 글 〈壁〉은 해방전의 모습을 잘 보인다. 30대에 쓴 글로는 보이지 않을 만큼, 불과 원고지 4장반의 글이 불운한 시대를 앓고 있다.

상허를 읽고난 뒤 나는 아파트 단지의 산밑 길을 걸었다. 입춘은 지났어도 찬바람이 옷깃을 파고들었다. 길섶에 남은 흰눈에 어려, 아픈 추억들이 품안으로 스몄다. 이루지 못한 젊은 날의 꿈, 이념 사이에서 갈린 우정友情들이 회한悔恨같이 되살아났다. 그리고 광풍狂風처럼 불고간 바람—이데올로기란 무엇인가…. 종주국宗主國에서 그것이 무너져내린 지금, 악연惡緣같은 고리들이 꿈 속 같았다. 길섶의 풀잎 하나, 흔들리는 나뭇가지 하나에도 무시할 수 없었다.

이처럼 상처는 가실 줄을 모르나 사슬에 묶였던 사람들이 해금解禁되었다. 해금문학론 속 이태준론은 그래서 눈길을 더 머물게 한다. 그에게 붙은 부제副題 — '민족주의자의 변신과 파멸'이, 허망한 계절자락의 아픔을 되새겨낸다. 그렇다. 이런 얘기가 상허에게만 붙는 얘기인가. 원죄 같은 것이 이 땅에 있어 그런 것이라면, 하필에 그 굴레를 써야했던 사람들.

많은 사람이 북으로 갔듯이, 상허의 길도 스스로가 택한 길이었다. 그러나 대접을 받지도 못하고 비운의 생애를 그곳에서 마쳤다. 난초와 서화를 즐기던 사람—상류층 성분의 지식인이던 그가 스스로의 길에서 파멸의 늪으로 사라져야만 했던 계절. 이태준론의 저자는 상허의 너울자락을 벗겨내 보인다.

"상허는 야누스가 아니다. 따라서 그의 초상화는 하나의 모습으로 복원되어야 한다. 왜냐하면 그는 순진하고도 섬세한 감성의 민족주의자에 불과하기 때문이다. 어느 섬세한 감성의 민족주의자가 해방과 더불어 자신의 철저하지 못했던 지난날을 반성하기 위해 사상을 선택했고, 결국 그 괴물에 짓밟혀 참혹하게 난도질 당한 대표적 존재가 이태준인 것이다." (장영우의 이태준론 중에서)

상허가 가고 없는 성북동엔 그가 살던 고가故家가 있다. 이 땅의 죄 값이 있어 한 끝이라도 그가 그것을 지고 간 것이라면—후진으로서 보상할 길이 있다면, 나는 그가 살던 곳을 찾아 한 번 가슴을 더 앓고 싶다. 이데올로기의 덫에 걸린 환상幻像들 앞에서, 한 번 더 미망의 계절을 허탈해 보고 싶다.

(1995. 2)

할아비와 손자

 세 돌 짜리 손주와 두 돌 짜리 손녀가 저희끼리 놀다가 병아리 싸우듯 다투기가 일쑤다. 그래서 이놈들의 울음 소리가 그치질 않는데, 할아비인 나는 듣기 싫지가 않다. 제 아비와 고모들을 기를 때로 말하면, 아비 자식 사이인데도 우는 소리가 듣기 싫었다. 이렇게 보면 할아비와 손자사이는 아비 자식간의 그것과 다른 것인가 보다. 남의 손자를 이르는 말에 영포슈 抱라는 말이 있지만, 이 말은 품안에 품는다는 뜻이다. 할아비의 손자에 대한 정을 잘 나타낸 말이다.

 세 돌 짜리는 제법 말을 한다. 두 돌짜리는 아직 혀가 덜 돈다. 제 의사가 통하지 않으면 성질을 부리는데, 어미가 끼여들어 통역을 해야 한다. 이런 것까지 해서 이놈들의 일거일동이 그저 귀엽다. 내 방에서 듣고 있자면 무엇을 지껄이는지,

제 할미와 주고받는 정황情況이 환상 속의 평화의 나라 같다.

세 돌 짜리는 어미 곁을 떨어지지 않는다. 그런데 두 돌 짜리가 할미와 잔다며 베개를 들고 온다. 이놈을 가운데에 누이는 것인데 잠버릇이 고약하다. 사이에 있던 놈이 이리 구르고 저리 굴러 저만치 있곤 한다. 나는 짧은 잠을 설치지만 그래도 귀찮지가 않다.

두 놈은 벌써 주전부리에 익숙하다. 일 년에 눈깔사탕 몇 개 먹던 시절을 회상하게 되는데, 어미를 따라간 가게에서 막무가내로 단 것을 집어든다. 이로울 것이 없어 못 먹게 하나, 두 놈의 고집을 꺾을 수가 없다. 못 먹게 하기는커녕 이놈들의 떼가 나면 내가 먼저 주어야 한다.

할아비가 나간 방에 두 놈이 들면 책상 위가 남아나질 않는다. 책이 뽑혀 흐트러지고 온 방안이 난장이다. 문을 잠그라고 할미는 말하나 그럴 것 없다고 만류를 한다. 벌써부터 TV를 보는 두 놈의 앞날이 어떻게 바뀔지 모르는 일이지만, 이놈들에게 바라는 것은 할아비 방에서 놀던 기억을 지녀주는 일이다.

나도 할아버지 거처인 사랑방에서 놀았다. 놀면서 천자문을 읽고, 먹을 갈아 분판粉板에 글씨를 썼다. 사랑방에는 할아버지의 필기도구 벼루집이 있고, 돋보기로 책을 보시었다. 포은집圃隱集을 읽으시던 모습이 지금도 기억에 생생하다. 사랑방에는 여름에도 두루마기 차림의 손님들이 있었다.

흰 수염 풍채의 할아버지는 인자하면서 근엄하였다. 할아버지 말씀에 따라 날이 더워도 형수 앞에서 나는 옷소매를 못 걷었다. 나들이를 하실 때면 이르는 말씀을 빼놓지 않으셨다. 손님이 오시면 절하고 어디서 오신 누구냐라는 것. 할아버지는 향교鄕校의 직원直員 — 지금의 전교典校를 지내신 분이다. 그런 할아버지가 지금도 나를 바라보신다.

하지만 지금의 나는 내 손자에게 그런 모습일 리가 없다. 손주놈들에게 바라는 것은 지금의 모습이라도 지녀줬으면 할 뿐이다. 면면이 이어오던 사랑방 맥은 어딜 가도 찾을 길 없고, '할아버지' 호칭마저 길 가는 늙은이의 대명사가 되고 있질 않은가.

나는 두 놈을 데리고 뒷산 숲길을 걷곤 한다. 두 돌 짜리는 할미의 손을 잡고, 세 돌 짜리는 앞장을 선다. 이놈이 가다가 길을 멈추고, 들리는 새소리가 무슨 소리냐다. 나는 저쪽 소리는 뻐꾸기고 이쪽 소리는 꾀꼬리라 일러준다. 그러면 뻐꾸기는 무엇이고 꾀꼬리는 무어냐고 다시 묻는다. 얼른 말하기가 궁해진다. 그래서 뻐꾸기는 뻐꾸기고 꾀꼬리는 꾀꼬리지 한다. 내딴에는 힘들인 대답인데, 이놈은 힘도 안들이고 그러냐 한다. 이쯤해서 그치지 않고 점점 대꾸를 궁하게 만다. 뻐꾸기와 꾀꼬리가 왜 우느냐는 것. 나는 하는 수 없어 "울고 싶어 울지." 하지만, 궁한 대답이기는 하되 이런 응수가 심심치 않다.

아카시아 꿀 향기가 진동하던 숲에 꽃이 졌다. 그윽해진 숲길에 탄성이 절로 난다. "참 좋지" 하고 건네니 즉석에서 이놈도 좋다고 한다. 무엇이 좋다는 것인지 모르지만 이놈의 대꾸가 그저 좋다.

길섶에는 몇 무더기 찔레꽃이 피어 있다. 오랜만에 보는 향수鄕愁의 꽃이다. 이름을 물어보지만 이놈이 그것을 알 리가 없다. 찔레꽃이라 일러주고, 할아비는 그 꽃이 슬프다 했다. 그랬더니 이번엔 '하얗다'로 받는다. 건성으로 말한 할아비에게 건성으로 한 대답이다. 이렇게 주고받는 동문서답이지만, 할아비의 물음은 속된 물음이고, 이놈의 대꾸는 선가禪家와 같다.

뒤따르는 두 돌 짜리도 제 할미와 주고 받는다. 숲 속 뻐꾸기 울음이 그 소리에 젖어 흐른다. 산 밑에는 고층 아파트 군락群落이 아수라의 소리로 솟아있다. 나는 먼 바다를 저어 온 사람이 되어 손주놈의 뒤를 따른다.

(1995. 6)

5시간 속의 50년
자존심
꿀과 꽁보리밥
촌모씨의 하루
글과 사람
시인 임종국林鍾國
친구에게
수필인의 격格
실락원失樂園

5시간 속의 50년

 첫사랑이 잊히지 않는다고 하듯이, 사회에 첫 발을 내딛던 시절—그것도 해방전후의 격동 속과, 처절했던 동족상잔의 전쟁을 전후해서 지내던 면면面面들을 잊지 못하던 터에, 실로 50여 년만에 심선생을 만났다. 문장에서 선생을 붙여 말하는 것은 존칭이 되는 것인데, 내가 심선생이라 함은 그와 시골 조그마한 초등학교 교무실에서 쓰던 일반적인 호칭이다.
 우리가 처음으로 만난 것은 해방 5개월 전. 그가 22세이고 내가 23세였다. 두 사람은 꿈에 부푼 나이였지만, 암울했던 해방전후기와 일진광풍—陣狂風 같았던 좌우이념 바람 속에서 6·25를 맞았다. 그 후로 흩어져 50여 년이 흐르고, 나는 지금 그와 80줄에서 지난날의 회포를 푸는 자리가 되었다.
 심선생과 통화를 끊고나서 한동안 흥분을 진정하지 못하였다. 무슨 얘기부터 해야 할 것인가. 아픔과 젊은 날의 추억이 머릿속을 어지럽게 하면서, 이 민족이 다 겪었던 일—피비린내 나는 와중에 휩쓸렸던 기억들을 회상하였다.

　10시 반, 현관문을 들어서는 노인에게 나는 우선 심선생이 아니냐고 확인하듯 물었다. 약속한 시간에 나타난 그는, 그 옛날 검은 머릿결에 윤기가 흐르고, 팽팽한 얼굴과 건강한 치아의 심선생이 아닌 까닭이었다. 얼굴에 주름이 가득하고, 틀니를 한 입모습이 변하여서, 한참을 뜯어보아도 알아보기가 어려웠다. 나는 진정을 하면서 심선생의 손을 잡고, 죽지 않으면 만나는구려 하였다. 길에서 만나면 열 번을 스쳐도 알아볼 길이 없겠다 했더니, 그도 내게 같은 말을 하였다.

　숨을 고르고 나서 내가 먼저 말문을 열었다. 그와 함께 지내던 1945년에서 48년 사이 미군정美軍政하에서, 바른말한다는 죄로 재판도 없이 구금당했다가, 전근이 된 이후의 내 이야기로 시작하였다. 그 시절 나는 고향이 졸지에 38선으로 막혀, 지역출신 동료와 각별한 이웃이 되어 실향의 외로움을 달래며 지냈다. 우선 이들이 궁금했고, 심선생은 그들이 부역附逆을 했다 하였다. 그리고 북으로 갔는지 살았는지 알 길이 없고, 집터는 잡초가 우거진 폐허가 돼있다고 하였다. 나는 몸서리나는 비극을 다시 되새기며, 그들의 운명이 허탈하고 안타깝고 슬펐다. 북으로 갔다해도, 나는 그들이 공산주의 체제 속에서 살 사람들이 아닌 줄도 안다.

갈피조차 가려잡을 수 없는 얘기를 나는 또 물었다. 부유한 지역유지의 자제로, 서울대에 갓 입학했던 학생의 집안이 궁금하였다. 그의 아버지는 면장을 지냈고, 6·25가 나면서 학생은 좌익진영의 선봉에 섰다. 면장의 직책이라면 소위 저들이 말하는 숙청 대상의 1호격이었으나, 아들로 인해 위기를 넘겼다. 그랬으나 그들의 운명을 누가 안 일이던가. 9·28수복이 되면서 박살이 났고, 삼촌까지 무참하게 당했다는 얘기를 들으면서, 나는 기억하기조차 힘든 비극들을 또 다시 되새겼다.

　심선생과 얘기를 꽤 했지만, 계속하면서, 한숨을 짓기도 하고 침을 삼키기도 하였다. 나는 심선생의 얘기 끝을 잡아, 국민방위군으로 서울에서 마산까지 걸어내려간 얘기며, 목숨이 길어 살아있다고 했더니, 그도 그랬다면서 고생한 얘기를 털어놓았다. 나는 그가 교장으로 승진해서 정년 후를 편하게 지내겠거니 했더니, 그도 바른말하는 쪽으로 주목을 받았고, 남침하南侵下에서 내키지 않는 학교에 잠시 나갔다가 이내 물러선 죄로 체포령이 내려, 구사일생으로 목숨을 부지했다고 한다. 그후 신앙생활로 오늘에 와선 교회 장로에 이르고 있다 등으로, 소설 같은 이야기를 하였다. 복직을 하려 했으나 심기일전 벼농사를 1만 평 넘게 손수 지었고, 교회를 건립하기까지 했다고 한다. 그의 손은 힘차게 거칠어져 있었고, 기관지가 좋지 않아 계속 기침을 하였다. 복직을 했다면 많은 죄를 범했을 것이라면서, 신앙인답게 성서를 줄줄이 외어댔다. 가톨릭에 입교하고서도 성서 한 구절을 외지 못하는 나와 비교가 되면서, 나는 그의 변모가 놀라울 뿐이었다.

숨이 찬 그가 좀 쉬어야겠기에 나는 그의 말을 끊어, 같은 동료 H씨의 얘기를 꺼냈다. 그의 부인 L여교사의 얘기가 궁금했던 것인데, L여교사는 앞서 말한 학생의 고모로서, 같은 교무실에서 H씨와 연애를 하였다. 그 H씨가 대학에 진학을 하면서, 당국의 시책인 국대안國大案 — 국립종합대학 안의 반대 대열에 끼었고, 좌익이념에 물이 들어갔다. 이윽고 검거선풍에 휘말려 보도연맹(좌익인의 전향을 위한 단체) 회원으로 묶이고, 6·25가 나면서 소식이 묘연했다. 아마도 희생이 됐을 것이라는 것이 후일담인데, 나는 그가 처가와 함께 피바람이 휘말린 운명이 너무도 기구해서 애처롭기가 짝이 없다.

서울에서 내려온 H씨는 나와 한 이불을 덮고 하숙을 했던 만큼 우정으로 지내던 사이이다. 그의 아버지는 중추원 참의를 지낸 당대의 세도가였고, 형도 친일행적을 혁혁히 남긴 명사였다. 그런 그가 해방이 되면서 지배층 기득세력 편에 서지 않고, 부유한 처가와 더불어 몰락의 길을 걸은 것이다. 나는 이 민족의 이 같은 운명을 무엇이라 해야 할지 할 말이 없다. 말을 한다면 인간사의 희롱이라 할밖에 없고, 희롱이라 한다면 그것은 너무도 가혹한 희롱이다.

화제는 심선생의 이야기로 다시 이어지면서, 나는 그때에 이미 결혼한 그가 내외궁이 좋지 않아 고민하는 것을 알고 있었다. 그때의 교무실에는 앞서 말한 H씨가 L여교사와 연애를 했고, 나는 옆자리의 B씨와 연애 중이었다. 그런 분위기여서 심선생의 심사는 편안치가 않았을 것이 분명하다. 심선생은 재혼을 해서 6남매를 두었다면서, 조금 전 내 집엘 오면서, 내가 그때의 B씨와 살겠거니 했다 한다. 옆에서 듣고있던 집사람이, 재미있는 얘기를 한다고 했지만, 나는 심선생에게 지금도 그때의 B와의 관계가 잊히지 않는다는 말은 하지 않았다.

우리는 얘기의 줄기를 다시 돌려, 상잔의 아픔을 또 더듬었다. 생각하기조차 끔찍한 비정한 일들―어제의 우정이 손바닥 뒤집듯이 변하면서, 물 따라 산 따라 원한과 보복으로 얼룩졌던 세월들……. 우리는 중간중간 한숨을 짓기도 하고 허탈한 웃음을 흘리기도 하면서, 얘기의 끈을 놓지 않았다. 4시가 넘어서야 화제의 줄기를 새로 잡아, 그는 70을 넘은 나이에 운전면허를 취득했다 하였다. 오늘을 살아가는 것을 하늘의 뜻이라고 신앙인다운 말을 하면서, 젊었을 때 혼란기의 객기가 뉘우쳐진다고 하여, 나도 동감하였다.

심선생이 자리를 일어설 때 시계는 4시 반, 그러고 보니 5시간 동안에 50년의 세월을 누빈 셈이다. 그런데도 무엇인지 모르게 아쉬운 감에서 벗어날 수가 없었다. 그것은 치유될 수 없는 우리의 상처 ― 흘러간 젊은 날을 다시 한번 앓게 하는 것이어서 그런 것이 아닌지. 나는 아파트 현관까지 내려가, 80

노구에 승용차를 손수 몰고가는 심선생에게 손을 흔들어 전송하였다. 낙조落照가 드리운 서로의 뒷모습에 지난날이 겹치면서, 아픈 세월자락의 저편을 바라보았다. 그리고 돌이킬 수 없는 날의 감상感傷에 젖어, 심선생이 보이지 않을 때까지 서 있었다.

(2001. 3)

자존심自尊心

 대설大雪 소동의 눈 길이 채 녹기도 전에, 한 차례 폭설이 내리고, 연이은 강추위 속에 이번엔 더 큰 눈이 내렸다. 우수절雨水節이 지나도록 나는 거의 갇혀 지냈다. 갑갑하기가 짝이 없었지만, 겨우 지탱하는 시력을 보호하느라 신문도 끊고 지내면서, 불만이면서도 TV와 라디오는 끼고 지낸다.
 하지만 이런 것들에서 흘러나오는 소리가 심기를 뒤집기 일쑤여서 스위치를 끄게 한다. 그리고는 거실에서 내다보이는 하늘을 바라보는 것이 소일消日거리처럼 되었다. 스위치를 끄기는 해도, 자존심을 병들게 하는 영상들이 어른거려, 머릿속을 떠나지 않는다. 밖의 사람들이 우리를 부패공화국이라 한다는 것도 그런 것이고, 가난한 나라사람들의 불법체류를 미끼로, 노임勞賃을 떼어먹는다는 것도 창피한 일이다.

밖에는 쌓인 눈이 처연하고, 설해를 입은 농민들의 참담한 모습에 마음이 어둡다. 눈의 무게에 무너진 시설물 속에, 수천 마리의 닭이 폐사한 앞에서, 할말을 잃고 있는 농민의 사정이, 정쟁만을 일삼는 무리들과 겹쳐 답답하기 이를 데 없다. 정직하게 사는 사람들, 노력한 만큼만을 바라면서 사는 사람들의 암담한 상황에, 하늘이 그저 무심하다. 시어미에게 당한 분풀이를 부뚜막에 한다는 며느리 격으로, TV 스위치를 끄기는 했지만 흐르는 세월이 허탈하고, 다른 나라 지도자가 부러워진다. 자리에서 물러나고서도 존경을 받는다는 모습을 보면, 별 수 없이 초라해지는 것이 자존심이다.

조선왕조 정조正祖때 영상領相 채제공蔡濟恭의 일화逸話 속 자존심이 부럽다. 가난한 그가 산사山寺에서 공부하던 시절에, 부귀한 집 자제子弟들로부터 업신여김을 당한다. 세모歲暮에 시 한 수씩을 짓자며 호기를 부리는 자들에 끼어 채제공도 시를 짓는다. '추풍고백응생자秋風枯栢鷹生子, 설월공산호양정雪月空山虎養精' — 채제공의 이 시를 놓고, 그들은 이것도 시냐며 비웃었다. 그들이 시의 뜻을 알 리가 없다. "가을바람 마른 가지에 매가 새끼를 쳤구나, 눈 덮인 달 밝은 산엔 호랑이가 정기를 기르고…"한 이 시를 당시의 재상이 아들을 불러 뜻을 묻고 말한다. 가을에는 매가 새끼를 칠 수가 없는 때인데도 새끼를 쳤다고 했으니, 그 꼴은 제 모습이 아닐 것인 즉, 이것은 못난 너희들을 빗댄 것이고, 달 밝은 설산雪山에 호랑이가 정기를 기른다 했음은, 채제공 자신의 기상을 드러낸 것이니라. 채제공은 과연 영상에까지 오르고, 천주교 박해 때 신도들을 관용한, 역사에 남는 인물이 된다.

나는 채제공의 의연한 국량局量의 그 자존심이 좋다. 사람 볼 줄도 모르는 속물들의 철없는 것들을, 시 한 수로 눌러놓은 그 자존심이 통쾌하다. 시의 뜻도 모르는 것들을 앞에 놓고, 연민의 혀를 찼을 그 우월적優越的 자존심.

자존심은 속되지 않아야 자존심이고, 인내가 바탕일 때 자존심이 된다. 아는 얘기가 되지만, 한漢의 무장武將 한신韓信의 그 자존심이 장하지 않은가. 덩치 큰 몸에 남루한 옷을 걸치고, 허리의 장검長劍을 철그럭거리며 어슬렁거릴 때, 부랑배들이 그를 희롱한다. 차고있는 장검으로 나를 쳐보라 하고, 못 치겠으면 가랑이 밑으로 기어나가 보라 한다. 한신은 아무 말 않고 엎드려 기어나갔다. 사람들은 그를 바보라 하였다. 칼에 슨 녹을 벗기기 위해서라도 뽑아들어야 했을 칼을 뽑지 않은 바보……. 이런 자존심의 그는 명장名將이 되지만, 공법公法도 안중에 없이, 권세에만 매달리는 오늘의 속물들로 보면, 한신의 그것은 더 바보일밖에 없다.

자존심을 말하는 것이지만, 우리에게 자존이 있었던가. 무너져내린 강산江山에, 아직도 침략의 표상인 일인日人식 치욕의 이름을 떼어낼 줄 모르는 어리석은 백성……. 이보다 못한 세월이 흐려진다한들, 그것이 무슨 대수로운 일이랴. 친일 매국자의 후손에게, 매국한 대가의 재산을 되찾아준 세월임에랴. 나라를 판 자는 호강을 해도, 순국한 열사의 후손은 가난한 시대. 우리에게 자존심이 있었던가.

(2001. 4)

꿀과 꽁보리밥

 먹을 것이 지천인 요즈음은 꿀맛이라는 감정어는 실감하지 못한다. 그러나 악식惡食인 꽁보리밥도 없어서 못 먹던 때엔, 보리개떡도 꿀맛이고 밀범벅도 꿀맛이었다. 너무 먹어 살을 빼려다 죽기까지 한다는 요즈음의 소동으로 본다면 상상도 못할 일이다.
 산골길을 걸어서 다니던 학교 길에서, 나도 어지간히 배를 곯으며 시장끼에 시달렸다. 손주놈이 말하기를 배고프면 사먹지 왜 그랬느냐고 하는데, 저희들처럼 쓰는 용돈뿐만이 아니라, 먹을 것이 없어서 그랬다는 것을 말해도 이해하질 못한다. 주전부리라야 여름철 길가의 묵은 밭 산딸기 따위와, 울안의 앵두 따위가 고작이다. 여하간에 산딸기 따위가 익기 시작하면, 우리들은 그것이 유일한 주전부리거리여서, 그것을 따먹고 길섶 샘물에 엎드려 생수로 배를 불렸다. 그리고 나서 배가 부른 녀석은, 이상李箱의 권태 속 아이놈들처럼, 길가 밭고랑에 엉덩이를 까고 한 무더기씩 내지르곤 시원해 했다.

아득히 흘러간 이런 일 따위를 회상하면서, 농장을 하는 동서네에 갔다가 잘 익은 앵두와 살구를 따들고 왔다. 초등학교와 유치원짜리 손주놈에게 좋은 선물거리로 생각하고, 제 할미가 저희들 집으로 가져다주었다. 그랬더니 다음날 맛이 없어서 먹질 않았다는 것이 아닌가.

녀석들이 안 먹은 것을 생각해보니, 이유가 짐작이 갔다. 허구한날 입에 달고있는 것이 인공미가 가해진 것들인데, 그것이 어찌 천연의 맛을 그냥 놔두겠는가. 살구는 징그러워서 못 먹었다고 하는 것인데, 그 말이 무슨 소린가 하였더니, 살구벌레가 있었던 모양이다. 내가 그놈들 때에는 먹을 것이 주렸던 때라, 홀홀 불어내고 먹었다. 지금은 먹을 것이 흔해진 터라 놈들이 나와 자연의 품에서 벗어나 있는 것을 보면서, 배고픔을 모르는 녀석들의 세태가 허탈해진다. 이제 무엇을 주어 그것들을 끌어안아야 할 것인지, 가난 속에서도 행복스럽던 날들이 그리워진다.

배곯았던 일을 말한다면 6·25와 같던 때가 없다. 전선에선 아직도 휴전이 되지 않아, 거리엔 피난민이 님치던 대전에서 혼자이던 나는, 하루 세끼만 해결되면 바랄 것이 더 없었다. 한 왕골공예품 공장에서 그렇게 지내던 꽁보리밥의 맛은 글자대로 꿀맛이었다. 주인집 식구들의 밥에는 쌀이 섞여있었지만, 젊은 기술공과 나는 그런 것엔 눈을 팔 필요도 없었다. 다만 아침 6시부터 복중더위 속에서도 밤늦은 11시를 넘기기가 일쑤여서, 늘 잠좀 흠씬 잤으면 하는 것이 소원이었다.

어느날 밤 일을 하다가, 나이 지긋한 책임기술자의 제의로, 세 사람은 꿀을 먹자고 하였다. 웬 꿀이냐 하겠지만, 양봉을 하는 사장동생이 팔다가 가져다 놓은 것이다. 전쟁 중이어서 꿀 소비가 잘 안되었던 모양으로, 드럼통으로 서너 개 가량은 됨직하였다. 젊은이와 책임기술자는 너무 달다면서 반 컵 정도를 마시고, 나는 아예 초롱을 입에 대고 들이마셨다. 고향에는 재래봉이 있어, 내게는 꿀을 먹어본 솜씨가 있어온 터였으나, 마음 놓고 먹어본 일이 없었기에 꿀 본 김에 양껏 마셨던 것이다. 물론 주인의 허락이 있어 마신 것이 아니어서, 말하자면 훔쳐먹은 꼴이다. 그런데 이렇게 먹은 꿀이 동티가 날 줄이야 누가 알았던가.

젊은 기술공과 나는 여느 때처럼 다음날 밥상을 받았다. 그런데 꿀맛 같기만 하던 그 꽁보리밥이 영 목구멍을 타고 넘어가려 하지를 않는가. 밥알이 입안 가득히 왕모래가 되어 막무가내로 넘어가질 않는 것이다. 주인 쪽을 힐끗 본 젊은이가 입가에 웃음을 흘렸다. 몇 숟갈을 뜨다말고 젊은이와 나는 상을 물렸다. 그러자 처음으로 듣는 위로의 말이긴 했지만, 안주인이 놀랍다는 듯이 어디가 아프냐고 물었고, 우리는 그저 아니라고

만 하였다. 그랬더니 이번엔 더 아이구 이를 어쩌나, 얼마나 고단하게 일들을 했으면 밥을 다 못 먹는담 하고 걱정이 뿌앴다. 하지만 젊은이와 나는 여전히 꿀 먹은 벙어리였을 뿐이었다.

그런데 놀랍게도 다음날 보리밥사발에 생각지도 않은 쌀알이 보석처럼 박혀 나오질 않았는가. 우리는 점점 진퇴양난이 되어 꿀 먹은 벙어리가 되었다. 그 후로 1주일간을 못 먹으면서, 이실직고하려 했으나, 그것이 그렇게 되지를 않았다. 쌀을 섞어주는 안주인이 미안해지면서 점점 사태가 꼬였던 것이다.

꿀 먹은 벙어리라는 속담은, 꿀 맛이 기가 막혀 농아자가 표현하지 못한다 해서 나온 말이다. 말하자면 말못할 사정을 두고 하는 소리인데, 지금은 꿀 먹은 벙어리가 아니라 뇌물을 꿀처럼 먹고 나서도 말 못하는 자가 없다. 나는 생각하지만, 그때 꿀 좀 먹었기로서니, 그것이 무엇이 그렇게 말못할 사정이었던가 하는 것인데, 사실을 말한다면 우리는 그때 주인으로부터 능률이 안 오른다는 가시 돋힌 말을 늘 들어오던 터였다. 이런 판국에 이실직고했다간 공연히 미움만 더 살 것이 뻔하다. 그러니 젊은 기술공의 의견대로 내친김에…… 하고 그냥 뻗을밖에 없었다. 쌀을 섞어주지만 않았어도 자책은 덜 했을 것인데, 그럭저럭 1주일쯤 후부터 우리는 보리밥 그릇을 다시 비웠다. 때를 맞춰 보석처럼 박히던 쌀톨이 밥그릇에서 자취를 감춘 것은 말할 깃이 없다. 우리야 보석이 어찌 됐건 꽁보리밥은 여전히 꿀맛이었다.

(2001. 7)

촌모씨의 하루

 진료실 앞에서 같은 질환으로 온 환자의 말을 듣고, 촌모씨는 일말의 기대를 걸고 있다. 그는 지금 파킨슨병이 진행중인데, 이 병은 3년에 걸쳐 진행을 하다가 결말이 난다고 한다. 2년째인 지금의 상태가 부자유하기는 해도, 아직은 문밖출입을 할 정도에 와있다. 그러나 요 23개월 동안에 펜을 잡는 일도 자유롭지 않고, 단지내 산책보행도 힘들어져간다. 그런데 진료실 앞에서 만난 환자는, 발병한 지 30년이 됐는데도 등산을 한다는 건강체였다. 그래서 나도 촌모씨의 증세가 현재의 상태로 머물러 주었으면 하고 바란다. 그러나 이런 희망은 그저 희망일 뿐, 앞일은 나도 모르고 촌모씨도 모른다. 그렇다고 무덤까지 가지고 가야 하는 병이라는 말을 의사로부터 들은 이상, 촌모씨는 정신박약아처럼 탄평하게만 들어 넘길 수는 없는 일이었다. 그러면서도 그가 분명하게 말할 수 있는 것은, 자신의 나이가 80에 다다라서, 살만큼은 살았다는 것을 확인한다는 사실이다.

나는 촌모씨의 이런 사생관死生觀을 한두 번 들은 것이 아니어서, 그가 또 다른 말로 말한대야 별다를 것이 아닌 것을 안다. 그런 까닭에 인생론자의 말처럼 심오할 것도 없어서 관심이 없다. 한마디로 말해 구질구질하게 살 까닭이 없다는 얘기이다. 사람이 살자면 앞이 있어야 하고, 그렇게 해서 의욕이 생겨야 하는 것인데, 그런 것이 아니라면 무엇하러 사느냐가 촌모씨의 지론이다. 그저 사는 것만을 목적으로 하고, 그런 것에 의미를 두는 이가 있기도 하나, 촌모씨의 경우는 그것이 아니다. 아무튼 오래 살라고 하는 말을 듣는데, 그럴 때면 그것처럼 헛바람 나는 소리는 없다고 생각한다. 그리고 친구끼리 입버릇처럼 하던 말— 어느 날 자는 듯이 편하게 하고 뇌어 보는 것인데, 이 같은 소망도 역시 헛되다는 것을 알고 있을 뿐이다.

그런 까닭에 그가 신앙에 의지하고자 하는 까닭을 이해할 수가 있다. 그보다도 그는 요즘 들어 부쩍 과거에 대해 — 지금도 그렇긴 하지만 어찌 그토록 자신이 속물적이었던가 하는 자책에 빠지곤 한다. 그러면서 지난날의 힐아버지 말씀을 회상한다. 사람은 성명 석 자 정도 적을 줄만 알면 된다고 한 말씀이다. 이 말씀은 고사故事를 인용한 말씀이지만, 오늘의

야만화돼가는 문명사회를 내다보신 듯한 말씀이어서, 촌모씨는 때때로 음미해 보곤 한다. 구석구석의 속물화를 말하는 것이지만, 죽은 뒤에나 세우는 문학비 따위를 제 손으로 새겨 세우는 판국이 되었다.

    나는 촌모씨가 조금은 편벽스러운 데가 있다는 것을 알고는 있지만, 그가 이 같은 속물적인 것에 타기唾棄하는 것은 바른 일이라고 생각한다. 이를테면 옳은 것은 그르고, 그른 것은 옳다는 식의 정상배政商輩의 짓거리라든가, 흥정으로 무슨무슨 상을 탄다는 일 따위가 촌모씨를 편벽스럽게 한 것이라고 믿는다. 나는 촌모씨의 이런 성벽性癖에 관심을 갖지만, 그가 속물적인 것에서 벗어나 보려는 것은 찬동할만한 일이다. 이렇듯 그는 스스로가 고립하고, 자신에게서 멀어져가려는 것인데, 이처럼 자초하는 그의 고립이 그에겐 당연해서 이상하달 것이 없다. 그리고 그는 아파트 13층에서 내다보다가 혼자 중얼거린다. 성명 석 자보다 더 많이 배워서 고급도둑질을 하는 자들을 두고 하는 소리인데, 그의 중얼거리는 소리를 들으면 나도 절로 입이 거칠어져간다. 사기꾼, 협잡꾼들……, 그리고 전기가 없어도 살던 시절로 돌아가, 인간성이 건강하던 때를 그리워한다. 촌모씨는 오늘의 문명사회가 인간을 버려놓았다고 생각하는 사람이다.

    늘 하던 버릇처럼 촌모씨는 창 밖을 내다보다가 밖으로 나선다. 단지 내를 돌다가, 벤치에 앉아 행인의 뒷모습을 무념히

보고, 나무를 스치는 바람결을 보고, 고개를 들어 하늘을 보기도 한다. 그런데 이런 것들이 평소와 다를 것이 없는 것들인데도, 촌모씨는 '아, 하늘이 깨끗이 비었구나' 한다. 그리고 먼저 간 친구를 생각하기도 하는데, 촌모씨에게는 그 친구가 유일한 친구였다. 촌모씨가 그 친구를 경외敬畏하는 이유는 무엇보다도 속물적인 데가 없는 인격면이다. 가족 말고는 눈물을 흘린 일이 없는 촌모씨가, 그 친구의 영전에서 오열을 터뜨렸다.

촌모씨가 단지내를 돌 때는 걸음걸이가 남 보기에 좋지 않다. 하지만, 자전거를 탄 아이들이나, 아기를 손잡고 가는 여인의 모습이 그에겐 아름답다. 한 가지 우울한 것은 단지내의 길목 노점상 주인이 하품을 하는 모습이다. 노점상의 한가한 좌대가 내일이라고 달라질 리가 없다. 그러나 벤치에 앉아서 보는 하늘이 끝없이 푸르고 넓어, 그는 또 아, 하늘이 가득하다 하고 숨을 들이마신다. 그리고 그 하늘을 보면서, 만유萬有의 시초이자 귀착지가 바로 거기지 하고 하늘을 바라본다.

(2001. 7)

글과 사람

 신체가 점점 자유롭지가 못해지고, 시력마저 장애가 와 책이 멀어진다. 별수 없이 라디오나 TV로 무료함을 메꾸려 하나, 눈 귀 거슬리는 방송은 별 다를 게 없다. 저마다 나와서 말하는 말씨에도 심정이 뒤집히기가 일쑤여서, 하는 수 없이 내 탓으로 돌리고 만다. 그러고나선 선인들의 글이나 읽으며 인품을 더듬어 보았으면 하나, 그것이 되지 않으니 답답하다. 세상 인심 돌아가는 것이 예측을 할 수 없는 일이지만, 염치廉恥도 예양禮讓도 없어져 가는 세속이니, 그리워지는 것이 만나 보고 싶은 인품일 뿐이다. 얼굴 두꺼운 것도 모르고 제가 제 글을 명문이라 자랑하고, 제 비석을 제 손으로 세우는 시절이니, 선인들의 글과 인품의 멋이 그리워질밖에.
 인품의 멋이 어떤 것이냐 하겠지만, 한마디로 말하기가 쉽지 않다. 신분이나 학식이야 어떻든, 속물俗物적인 데가 없고, 예양 바른 자존自尊의 기품氣稟을 지닌 것이라고나 할는지. 아니면 예술적 기개氣槪가 대인大人다운 것이라고나 할까. 여기에 문장가의 명성이 붙는다면 말할 나위가 더 없겠지만, 이런 멋은 속된 자에게선 버릴 수가 없다. 알량한 글로 세간世間을 흐리는 일을 서슴지 않아, 이런 일이 고사故事로까지 전해져 내려오지만, 그 모양새가 개구리처럼 소란스럽고, 매미처럼 시끄럽다 하여 와명선조蛙鳴蟬噪라 빗대었다. 이런 것으로 보면 옛사람들도 사람의 멋을 대하기가 쉽지 않았던 듯한데, 제 머리 못 깎는 것이 중이듯이, 문필의 평가가 소인小人이나 잡인雜人에 의해 이루어지지 않았음을 고사가 시사한다.

이즈음 흔하게 '명'자를 붙여 다시 읽는 명작이니 내가 좋아하는 명문이니 하는 것을 본다. — 그것도 현존 인물을 내세우는 것인데, 이것을 탓할 일은 아니다. 글을 보는 눈은 보는 자의 안목 대로일밖에 없는 까닭이다. 다만 낯간지러워서 하는 소리이고, 살아있는 자에게 세워주는 비문碑文격인 까닭이다. 원로 중문학자 차주환 교수가 말한 바가 있지만, 비문이란 원래 허위와 과장이 끼어 드는 글이라 하였다. 아무튼 명문이란 아무 데나 붙이는 말이 아닐뿐더러, 속된 자에 의해 붙을 수도 없는 말이다. 인품과 문필은 사회적 검증에 의해서만이 받아들여지는 까닭으로 해서, 근원近園의 글도 좋아들 하는 것이지만, 그의 글에는 탈속脫俗의 경지를 보이지 않는 것이 없다. 그런 글의 멋을 흉내 내보았으면 하는 것이나, 그것이 어찌 흉내로 될 일인가. 연작燕雀이 홍곡鴻鵠의 뜻을 모르는 것과 같다고나 할 일이다.

사람의 멋은 인품과 교양을 바탕으로 한 취향에 의해서 나타나는 것이겠으나, 가령 상허尙虛와 같은 멋은 음미해볼 멋이다. 상허를 흉내 내보자고 한 것은 아니지만, 아파트로 옮기기 전 거실 앞 손바닥만한 공지空地에 상허의 ≪무서록無序錄≫의 〈파초〉처럼 나도 파초를 심은 일이 있다. 어느 이른 봄날 난정蘭丁이 월탄月灘선생대 계보系譜라면서, 자택에서 기른 새끼파초 하나를 떼어다가 심어주었다. 나는 월탄댁 계보라기에 의미를 붙여, 상허의 파초에서처럼 '요게 언제 자란담…' 하면서, 아침마다 그 앞에 쪼그리고 앉아 바라보곤 하였다. 상허도 새끼파초를 심어놓고 초조해 하는 자신이 한심스럽다고까지 했지만, 그의 파초에 보면 열매가 달리면 죽는다는 말이 나온다.

어쨌든 상허처럼 거름을 주어가면서 나도 3년인가 길렀더니, 우러러보게 자라 꽃이 피고 새끼 바나나가 달렸다. 비를 피할 만큼 웅장하게 퍼진 잎이 거실에서 내다보여 시야를 시원케 해주고, 한여름이면 거대한 잎이 너울대는 운치에 푹 빠져 들곤 하였다. 무엇보다도 비가 오면 잎을 두드리는 빗소리가 가슴을 적시어, 염량炎凉세태와 영고성쇠榮枯盛衰를 그 빗소리로 듣곤 하였다. 이래서 사람들이 파초를 심었을 터이지만, 가난을 걱정하거나 작은 일에 매어 사는 것과는 무관한 듯한 것이, 대인풍大人風의 파초다.

여하간에 새끼파초를 사다 심어놓은 상허는, 그 일념―念이 기어코 이웃집의 큰 파초를 사오고야 마는데 그가 쓴 이런 글에서 내가 멋을 느끼는 것은, 앞집 사람이 와서 그 파초를 팔라고 하는 대목의 수작이다. 그 사람은 상허가 서재를 짓고도 챙을 해 달지 않는다고 성화를 한 사람이다. 그런 사람이 꽃이 피면 죽는다며, 마침 사겠다는 자가 나섰으니(당시로는 거금인) 5원에 팔라고 조른다. 하지만 그런 그가 상허의 멋을 알리가 없다. 이래서 글의 멋이 드러나는데, 꽃이 피면 파초가 죽는다는 데도 상허는, 죽을 때 죽더라도 보는 날까진 봐야하지 않겠느냐고 응수를 한다. 낙망한 사나이는 그 돈으로 챙이나 해달지 하고 딱하다는 듯이 단념한다. 이래서 그 글의 멋을 한층 돋군다.

나는 이들의 대담을 통해, 당시 사람들의 숨결을 느끼면서, 파초에 듣는 빗소리를 위해, 해 달아야 할 서재의 챙을 마다한 상허의 멋에 매료魅了된다. 그는 조선백자 칠첩반상기에 밥을 받아먹었다 하는데, 내가 상허의 이런 멋을 얘기하는 것이긴 하지만, 그 멋이 정작 어떤 것인지 알고 하는 것인지 모르겠다. 그렇긴 하나 그런 멋에다가, 서울 성북동 골짜구니의 날아갈 듯한 전통 한옥에서 살던 면모를 더듬이보면, 그의 글과 사람의 멋을 알고도 남을 만하다. 귀족취향이기는 하지만, 그것은 가진 자의 속물적 세계가 아니다.

다 아는 얘기로, 이규보李奎報의 시론詩論에 아홉가지 마땅치 않은 체體가 있다고 한 것이 있다. 그 중에, 거치른 표현을 쳐내지 않으면, 밭에 독풀과 가라지가 가득한 것과 같다고 한 것이 보인다. 내가 여기서 말하려는 것은, 조밭을 서투르게 매는 자가 잡초인 가라지를 가꾼다는 것을 이르고자 해서 하는 얘기이다. 조를 몰라보고 가짜인 가라지를 가꾼다는 것을 생각하면, 고사 속 와명선조가 환청幻聽이 돼 귓전이 소란스러워진다. 하지만 문장의 길은 쉽지가 않으니, 명 문장가의 문장론을 안다고 한들, 염치도 예양도 모르는 속격俗格이 어찌 사람의 멋과 그 글의 멋을 안다할 수가 있겠는가.

(2002. 11)

시인 임종국林種國

 B씨와 한담을 나누다가 이야기가 일제의 침략전쟁시의 친일문학에 미치고, 우리는 그 친일문학론을 쓴 임종국 시인을 만나보자 하였다. 나는 1966년에 펴낸 그 책을 지금도 들여다 보지만, 그의 지사적志士的 인품을 경외敬畏하며 지내왔다. 일제 강점하에 목숨을 건 구국지사救國志士들 한편에서, 민족을 판 문필인이 아직도 자리를 굳히고, 제자를 거느리고 있는 마당에, 그런 문필인의 친일행적을 밝히는 일이, 아무나 할 수 있는 것이 아닌 까닭이었다. 나의 이런 생각은 B씨도 같았던 모양으로, 우리는 일삼아 그를 찾아 나서기로 했던 것이다.
 시인 임종국은 유례類例없는 의지로, 이 나라 대부분의 문필인들의 친일 행적을 밝혀, 한국문학사의 병든 단면을 드러내었다. 내가 B씨와 그를 보자 했던 것은, 이와 같은 그의 지사적 인품에 끌린 까닭이었다. 이 땅에 문학사가文學史家도 많고 비평가도 많지만, 현실적으로 어려운, 치욕의 자취를 오직 그가 밝혀 역사를 바로 세운 사실에, 나는 그에 대한 경외심을 다른 말로 할 말이 없다. 그의 저서 친일문학론의 갈피마다 드러나는 오욕의 치부들은, 세월이 흐를수록 흉물스러워서, 보는 마음을 허탈케 한다. 총검 대신에 펜을 들고, 천황에 충성을 다하자…. 성전聖戰에 앞장서는 일만이 조선인의 나아갈 길이다. 이러한 굴욕의 글을 써야만 했던 사정이야 어떻든, 나는 선택된 자들이 스스로 자신이 역사 앞에서 떳떳하기란, 얼마나 준엄해야 하는가를 본다.

한 시대에 빛을 받은 이 땅의 지식인들, 그 지성知性들의 민족을 판 새삼스러운 오욕의 글발을 보면, 마치 내가 쓴 것만 같아 쥐구멍에라도 쑤시고 들어가고 싶어진다. 너라면 어떻게 하겠느냐고, 시대 상황을 내세워 자기 변호를 할 일이지만, 역사는 현실이고 결과일 뿐, 가상도 가정도 아니다. 하기는, 너라면 어떻게 하겠느냐 한대로, 나도 총검 대신 철모르는 것들 앞에 서서, 황국신민이 되라고 세뇌를 하였다. 이것은 결코 적은 죄가 아니다. 어찌했던 자신의 행적에 대해 변명한 문필인이 없지 않지만, 민족 앞에 사죄하노라는 참회를 기대했다면, 그것이 무례가 되는 세월 ―. 이후 속죄의 글 한 줄을 못 본 나는, 오늘까지 그것이 침략자의 오만과 방자로 이어지는 것을 보면서, 소경 개천 나무라 무엇하랴 해진다.

자신의 잘못을 반성할 줄 모르는 문필. 그런 치부恥部를 도맡고 드러낸 사람 — 시인 임종국. 의기가 있다면, 우리는 그에게 영원히 갚을 수 없는 빚을 지고 있다. 그 한 부분이라도 탕감이 된다면 하는 마음으로, B씨와 그를 찾아 나서기로 한 것이지만, 천안天安 역에 내려 시인의 집 앞에 이르렀을 때, 몸을 지탱하기 힘들어하면서 맞이하는 그를 보는 순간, 안타깝고 죄스럽기 그지없었다. 그 때가 작고하기 1년 전, 청명한 가을 한낮이었다. 이미 그는 깊어진 폐질환으로 숨을 제대로 못 쉬며, 우리와 초면 인사를 나누고 나서, 멀리서 온 손客을 집안에 앉아서 맞아 결례缺禮했다면서, 숨을 헐떡였다.

처음 서재에 들어설 때부터 분위기가 달랐지만, 벽면 가득히 꽂힌 검은 표지의 책들 —. 조선총독부 관보 제1호부터 마지막 호까지가 꽂혀있었다. 조선인의 친일 행적을 부정할 여지를 없게 하는 증거물들이었다. 한쪽에는 계획중인 문학사회사 자료인 카드가, 긴 탁자 위에 가득했고, 그는 진행중인 그 일을 끝낼 일이 걱정이라 하였다.

숨이 차서 거동이 어려운 시인이 우리를 배웅하겠다며 나서려는 것을 만류하였으나, 그는 숨을 헐떡이며, 기어코 거실까지 나와 작별 인사를 하는 우리에게 정중히 예를 갖추었다. 나는 귀로歸路 내내, 그의 모습이 눈에 밟혀 마음이 무거웠다. 사회의 대접은 못 받아 왔어도, 한국인에게 대의大義를 일깨운 시인 임종국. 한국혼의 빛을 발한 의로운 문사文士. 대학 강단에 섰어야 했을 아까운 사람……. 나는 혼자 속으로 뇌며 돌아왔다.

지금 그의 저서를 보면서, 나는 내 치부 하나 하나가 드러나는 것 같아 바로 바라 볼 수가 없다. 이런 수치심이, 나를 저들의 관광 길엘 나서질 않게 하는 것인가. 광복 후 나는 한 번도 일본엘 간 일이 없다. 이것은 열등 의식일 것이나, 열등 의식일 망정 그것은 굽힐 수 없는 내 자존심이다. 저들이 침략을 사죄한다 해도 그렇거니와, 친일을 참회하는 글 한 줄 쓸 줄 모르는 무골無骨 무지無知한 백성 — 나는 저들에게 그런 자화상을 보이기 싫다.

임종국 시인을 만난 것은 한 번 뿐이지만, 그가 간 자리는 너무 크게 비어있다. 그러나 내 서가의 그의 저서는, 천 권 서책의 무게보다도 더 무겁다. 시인 임종국의 친일문학론—, 외면하려 해도 외면할 수 없는 그의 저서, 감춰지지 않는 치부를 밝힌 시인의 의기가 옷깃을 여미게 한다.

(2003. 10)

친구에게

 향원向原, 나와 반세기의 우정이 유명幽明으로 갈린 지가 엊그제인데, 벌써 4년이 되네. 서로가 갈린 길의 비감悲感을 펴려니 자네의 인품이, 이곳 저곳 접혀있는 갈피에서 오솔길처럼 펼쳐져, 어디서부터 말을 해야 할지 모르겠네.

 나는 지금 거실에 앉아 망연히 하늘을 바라보며, 지난 날 자네에게 별일도 없이 전화를 하던 일을 생각하네. 용건도 없이 뭘 하느냐고 묻고는, 서오릉西五陵이나 걷자고 하지 않았던가. 자네가 그 길목인 역촌동에 살고, 나는 같은 버스노선인 홍은동에 살 때였지. 역촌동 종점에서부터 거닐면서, 멀게는 왕조시대, 가깝게는 광복전후의 이런 저런 얘기를 두서없이 나누던 일들이 그립고 또 그리워지네. 이 일을 어찌하면 좋은가.

 점심때면 능역陵域에서 해장국 한 그릇씩을 시켜놓고, 소주

한 잔 하고 나서, 세상일 멀리 한 듯 광활한 능역의 숲길을 거닐지 않았던가. 주고받는 말에 서로 허물이 없고, 얘깃거리가 끊어지면 무언으로 한가롭던 일, 대수로울 것도 없는 그런 일들이 가슴을 자꾸 저미네. 철 따라 햇살 한적한 경내 매점에서, 아이들처럼 군것질하던 일도 아픈 추억이 되네.

서오릉 서쪽 끝에는 희빈禧嬪 장씨 묘소가 있지. 경내를 돌고나면 그 묘역 잔디에 앉아, 우리는 한 궁중 여인의 영욕榮辱을 더듬어보곤 했지. 오늘이라고 인생의 안팎이 다를 게 있겠나마는, 마침 요새 방영되는 장희빈의 드라마를 보면서, 그녀의 몰락과정의 사악邪惡함을 보네. 우리는 장씨의 묘역에서 한담을 하면서 흐르는 구름을 보지 않았던가.

향원, 계절 따라 자네의 우정을 잊을 길이 없네. 자식놈들 학비가 궁했을 때, 소장해 오던 심전心田, 위창葦滄, 소호小湖의 명품들을 내놓을밖에 없었을 지경에, 자네가 하던 말―딴생각 말고 그만한 것이 있으니 가져가라 하지 않았던가. 그 고서화는 상인에게로 떠나고 말았네만, 진정 자네의 그 우정을 잊을 수 없다는 말일세. 그뿐 아니라 내가 어쭙지않은 글을 쓰게 되자, 자신의 일처럼 생각하던 것도 자네였지. 그리고 직장에서 비리를 저지르는 이사장理事長과 내가 맞서 쫓겨났을 때, 내 고집을 걱정한 것도 자네였네. 자네는 친구이기 전에 실향으로 떠돌던 나를 붙들어 세운 은인이었어. 이제 자네와 헤어지고 보니, 내 빈 가슴의 들판엔 황량한 계절이 흐를 뿐일세.

향원, 자네가 한 말 중, 내게 각인刻印돼 있는 것 하나 얘기할까. 자네가 현대문학지에서 다년간多年間 소설 신인추천을 할 때, 한 젊은 친구가 추천 응모작을 들고 와 놓고 간 것을 펴보니, 수표가 들어 있더라 했지. 쫓아나가 돌려주느라 애를 먹었다고 하던 말이 내 귓속에 아직도 남아있네. 지금이야 누가 그런 것 따위 귀담아 들을 얘기이겠나. 다른 얘기네만, 문협 소설분과 위원장을 맡으라는 것도 고사하기에 힘들었다고 한 말도 잊히지 않네.

향원, 우리가 만나던 탄암灘巖도 갔네. 영원한 안식처 천상天上 가정으로 돌아간 자네들의 귀향이 부럽네. 하늘의 뜻이라 하지만, 병고病苦에 놓이고, 추한 세정에서 벗어난다는 것은, 진정 낙천樂天이 아닐 수 없지 않은가. 파킨슨병이란 참으로 고약한 병질病質이네마는, 오래지 않아 그것에서 나도 벗어날 것일세. 그때 만나, 세상잡사 비켜놓고, 서오릉 해장국집에서 만나 술 한 잔 해야지. 그리고 영고성쇠榮枯盛衰의 표상인 능역陵域이나 거닐세. 그때 자네에게 진 우정의 빚, 진정으로 고마웠네라 하겠네. 아, 비정非情한 친구여.

2004. 1. 절필을 하면서……

* 향원 정구창과의 교분은 계몽사 간행 우리시대 한국문학전집 5권에 실은 필자의 작가스케치로 밝힌 바 있음.

(2004. 1)

수필인의 격格

 지금까지 우리는 많은 수필론을 대해왔고, 좋은 수필이 되게 하는 요소가 무엇인가에 대해서도 관심과 노력을 기울여왔다. 이에 따라 좋은 수필이 지니는 품격에 대해서도 상당한 안목을 지니게 되었고, 그런 수필을 써내기에 힘써온 것이 사실이다.

 그런데 이러한 수필문단에 필자가 나서서 고언을 하려 하는 것이 주제넘다 하겠으나, 그런 것을 알면서도 감히 나선 것은, 지금까지와는 달리, 수필을 쓰는 사람의 격에 대해서는 말하지 않아 온 까닭이다. 그것은 개인의 인격을 허는 일이 되어, 꺼려온 때문인데, 이러한 풍토가 이제는 방관만 해서는 아니 될 지경에 와있어 감히 열언코자 하는 것이다. 이것은 본인을 위해서나 후진을 위해서 간과할 수가 없다는 점에서 하는 것임을 이해하기 바란다.

우선 수필인의 격이란 무엇인가부터 보기로 하자. 사람뿐이 아니라 가공된 모든 물체엔 격이 따른다. 격이란 주위 환경이나 사정에 어울리는 분수나 품위를 이르는 말이다. 여기서 분수와 품위라는 말에 유의할 필요가 있다. 그러므로 사람의 격이 낮다고 한다면 천격賤格이란 말이 되고, 그것은 모욕적인 말일 수도 있다. 그런데, 근래에 와서 언급하기조차 힘든 몇 가지 유형의 낮은 격의 수필을 통해, 천격의 수필인임을 스스로가 드러내는 것을 보게 된다.

사람은 자유롭되 불문율不文律의 사회적 규범에 묶여 산다. 하지만 불문율이라 해서 그 규범에서 벗어난다면 스스로가 천격임을 면치 못한다. 이런 현상이 지금 문단에, 염치도 예양도 없는 모습을 드러낸다. 이 같은 현상에, 필자는 몇 가지 형태로 나타는 수필인의 격 낮은 사례를 짚어보고자 하는 것이다.

1. 과공은 비례 - 아첨

어느 시대 어떤 사회에도 인간의 아첨은 있어왔다. 아첨을 개인의 성향으로 돌리면, 얘기할 거리는 더 없지만, 이것이 공개적으로 만천하에 드러나는 문필의 경우가 되면, 개인의 일로 머물지 않는다. 아첨이란, 남의 마음에 들려고 간사와 요사를 부려, 비위를 맞추어 알랑거리는 것이라 하였다. 천격이란 뜻이다. 이 아첨은 사석에서 당사자끼리면 그것으로 충분하고, 밖으로까지 공개할 것이 못되는 부도덕한 것이다.

그런데 이런 아첨이 부도덕하다는 것은, 아첨으로 떠받들리는 자가 더 잘 아는 일일 터인데, 그리하여 깨우쳐야 할 일인데, 오히려 '암 그래야지' 하고 '에헴' 하는 식이어서, 후진의 인격을 그르친다. 독자들은 실체적 핵심도 없는 말을 한다 하겠으나, 구체적 사례를 들어본다.

한 수필가가 수필로, 강사에게 고맙다며 떠받들었다. 그런데 좀 과장을 한다면 기절초풍할 내용이다. 지면 곳곳에 강사의 실명實名을 내세우면서, 입에 침이 마르고 있다. 이같이 지나친 공경은 예의가 아니다.

아무리 비위가 좋아도 이런 글은 읽어 나가기가 힘든다. 필자는 이 글을 보고, 수필계에 병이 나도 단단히 들었구나 하였다. 그리고 그런 아첨에 떠받들려, 천하를 얻은 듯이 오만무치해진 자에 동정이 갔다. 제자에게, 문필과 인격이 아닌 아첨을 가르친다면, 그것은 수필발전을 저해할 뿐이다. 이런 것은 드러내 말할 거리도 못되지만, 언제부터 누가 아첨하는 글로 떠받들고, 떠받들리라 했던가.

수필에서 실명을 거론하는 것을 더러 볼 때가 있다. 그러나 이런 것은 아무나 거론하는 것이 아니다. 거명되는 인물이 독자에게 거부감 없이 받아들여져야 한다. 자신의 스승이라 해서 내세우지만, 독자에게 거부감이 없어야 하는 것이고, 자신의 스승이라 해서 내세우지만, 독자에게 공감이 가지 않는다면, 두 사람 다같이 멸시의 대상이 될 뿐이다.

실명을 들어 써야하는 글이 따로 있다. 이른바 회갑, 고희기념 문집 등에 써주는 글이다. 여기에는 주인공의 장점만을 쓰고, 더러는 과장하면서 추켜세운다. 그러나 독자들은 이런 글의 본질이 그런 것임을 아는 까닭에, 그대로 받아들인다. 하지만 기념문집 속에 있을 때만이 그렇고, 이것을 떼어내 별도의 수필집이나 다른 지면에 옮겨놓으면, 그 글은 아첨한 글로 변신한다. 기념문집에 넣는 글은 좋은 점만을 쓰되, 그것이 아첨이 되지 않게 품위 있게 써야 한다.

2. 오만 무치한 자존망대自尊妄大

사람은 저마다 자존심으로 산다. 그런데 수필인에게 이것이 지나치면, 오만 무치와 자존망대로 빠져, 그것이 자신의 불명예로 드러나는 것인지를 모른다. 이런 격의 수필인은 반드시 독선적이고, 그 주변에는 아첨이 꼬여든다. 그리고 아부하지 않는 자는 무참하게 배척한다. 이 아첨과 오만 무치는 필연적으로 야합해서, 그것이 자승自乘되면서 이성을 잃는다. 그리하여 글 장난질을 하고, 속문도 명문이라 내세워 야합을 한다. 그러면서 제 자랑의 방법도 노회老獪하다.

이처럼 독재자의 카리스마적 마술에 걸려, 속문을 쓴 자가 깨어나질 못하게 한다. 이 같은 자의 오만한 유형의 글 한 가지를 상상해 보기로 한다. 호號는 살아있을 때 서로가 부르기 좋게, 자신이나 친구 또는 윗사람이 지어주는 것이고, 거꾸로 아랫사람이 윗사람에게 그것도 죽은 자에게 지어주는 것이 아니다. 이런 것인데, 백두白頭인 자기 선조의 비석을 세우고, 그리고 행적을 거짓으로 새긴다. 없던 호까지 지어 붙이고 나서 해명하기를, 자신이 지금 명문가가 됐으니, 이쯤이면 그럴만도 하지 않느냐 했다하지. 사실이 이런 유형의 글을 썼다면, 이 오만 무치 앞에 할말이 없다. 후진들이 따를까 걱정된다.

3. 제 자랑과 문학비

고향이 낳은 문인을 위해, 선후배, 친지, 제자들이 문학비를 세우니, 비용을 기탁하라는 광고문을 보았다. 그 광고지면을 보는 순간, 주인공이 언제 세상을 떴던가 하였다. 그랬으나 건재하였다. 나는 한번 더 놀랐다. 살아있는 자가 제 손으로 공적비를 세우는 시대. 죽은 사람에게 세워주는 것으로만 알았던 내가 멍청이인지 모른다. 삼문문사三文文士가 제 손으로 명문가라고 내세우는 세태. 그런데 저 잘나서 하는 제 자랑을 왜 팔불출이라 했는가.

팔불출의 첫째 조목이 제 자랑이다. 하지만 제 자랑은 남이 해야 자랑이 되는 것이고, 제가 하면 팔불출이다. 팔불출이 돼도 좋다는 듯이, 얼굴 가죽이 두꺼워져 가는 시대. 그러므로 팔불출이 팔출세八出世가 돼가는 문필가의 모습 앞에서, 나는 숨소리만이라도 크게 내보자고 해본다.

한 편의 수필 끝에 약력이 나열되는 것을 본다. 그것이 본문을 읽는 것보다 흥미가 더하다. 한 페이지의 반 가깝게 열손가락이 모자란다. 무슨 회사 간부에서부터 새마을운동 무슨 부장, 무슨 교회 무슨 단체간부 등… 있는 대로 내세운 이 제 자랑을 나도 힘이 못 미쳐 못했지, 한때 그런 것을 부러워했다. 미숙하고 어리석었다. 글쓰는 사람이면 글쓰는 일과 관련 있는 것이 내세울 거리다.

당선소감도 그러하다. 이제 수필가가 됐으니, 수필에 대한 각오와 다짐보다, 남편이(아내가) 어떻게 해서 고맙다느니 하고 공개한다. 이런 것은 사적으로 사석에서 할 말이고, 지면에 공개할 것이 아니다. 지도강사의 실명을 공개적으로 밝혀 고맙다 하는 것도 그러하다.

(2004. 2)

실락원失樂園

 천방지축天方地軸 세상 물정物情을 모르던 시절로 돌아가고 싶다. 가진 자와 없는 자 사이의 갈등과, 변화하려는 세력과 이를 저해하려는 세력간의 다툼을 모르던 때가 그립다. 그 때로 돌아가, 가난에 허덕여 찢어진 고무신짝을 벗어내 던지지 못한 일들이 오히려 아프고도 정겹게 다가온다.

 여우가 죽을 땐 태어난 곳을 향한다던가. 앉으나 누우나 고향산천의 이 골짝 저 산모퉁이 오솔길을 따라 간다. 낮은 산자락과 논배미 따위에 붙여진 이름도 흘러간 시간을 짚어보게 한다. 냇물이 합수合水된 웅덩이에 개구리처럼 뛰어 들던 곳. 인가人家도 거치지 않아 맑게 흐르는 물을 손으로 떠 마시던 곳. 이런 곳이 사람 살곳인 줄도 모르면서….

 마을의 꼭대기에 자리 잡은 내 집 뒷동산에 철따라 꽃이 피었다. 축동築垌을 멀리 내려다보면서, 사흘에 한번 오는 우체부를 보곤 했다. 제복이 양복이어서, 처음 보는 아이들의 눈에 신기하였다. 소년시절 시골은 그런 모습으로 조용하였다.

 축동 끝 언덕 위엔 고목이 울창해서, 철따라 찾아드는 새들의 낙원이다. 뻐꾸기, 꾀꼬리, 붉은 댕기로 치장한 딱따구리 등이 새끼를 쳤다. 이따금 딱따구리가 고목을 쪼아대는 소리가 마을의 적막을 깼다. 물 논에 봄볕이 한가로우면 황새가 먼저 와, 우리가 건져 먹을 우렁이를 다 먹어치웠다. 이렇듯 딱따구리나 황새를 보아오던 내게는 귀 설지 않은 익숙한 놈들인데, 요새 이것들의 씨가 말라 사라져 간다고 하여 야단법석이다. 과학이 발달하니까 할 일도 많은 세상이 되고, 그놈들이 사람보다 대우를 더 받는 꼴이기도 해서, 바뀌는 세태에 입안이 씁쓸해진다.

 산야에는 먹을 것이 있었다. 논두렁의 싱아와 찔레도 꺾어 먹고, 달게 익은 오디를 따먹었다. 8Km를 오가는 학교길 묵은 밭에서, 산딸기(복분자)도 많이 따먹었다. 이렇던 것이 지금은 모두가 돈으로 바뀌는 것을 보면서, 아득한 그 시절로 나는 돌아가 보곤 한다. 그리고 슬프도록 아름답던 진달래에 취하곤 한다.

 서울에 처음 왔을 때이다. 이상한 것이 한두 가지가 아니있으나, 흙으로 짓지 않고 시멘트와 벽돌로 지은 집들이었다. 물을 사먹는 일도 기이하였고, 어딜 가나 옥로수玉露水같은 물을 마음껏 마시던 일을 생각하면서, 별세상에 왔구나 하였다. 더욱 기이했던 것은 한 낮에도 대문을 걸어 잠그는 일이다. 날이 밝으면 밤이 이슥할 때까지 잠그지 않았던 시골 버릇으로, 이상한 나라에 온 것 같았다. 어린 속으로 생각 하기에도 인심이 야박하였다.

할아버지의 거처인 사랑채는 항상 개방되어 있었고, 해가 저물면 누구나 길 가던 사람이 쉬어갔다. 그때의 나들이옷은, 아버지나 할아버지나 흰 두루마기이다. 그런 옷을 입은 길손을 보면, 사람을 의심하지 않던 때여서, 어린 마음에도 정겨웠다.

지금 나는 유약柔弱한 어린시절을 회고적 감상으로 그리고, 궁핍하던 시절을 미화했다. 그러나 이것은 나의 회고적 감상이 아니고 유약한 미화도 아니다. 내가 가야할 방향을 잃은 듯 세상이 동물을 닮아 가고, 인륜이 깨진 까닭이다. 사람들은 안락의자에 앉아, 지구 반대편 사정도 손바닥 보듯 하면서, 더 없는 행복을 누리며 산다고 믿는다. 그런데 궁상맞은 얘기를 왜 하느냐 하겠지만, 세월은 이미 구원받지 못 할 곳으로 떨어졌다. 살인을 하고도 죄 지은 줄 모르고, 거금巨金을 훔치고도 예삿일로 여긴다. 아직도 가슴에는 뒷동산의 꽃들이 보이지만, 신기루가 된 채 먼 곳으로 사라졌다.

누님들이 오르내리며 산나물 뜯던 동산 - 그 동산에, 도시를 스친 바람이 분다. 사람이 없는 그 동산에 낙엽처럼 윤리의 시체가 쌓인다.

(2005. 5)

■ 연보

•약력

1923.	경기도 연천군 왕징면 기곡리 637번지에서 아버지 윤상영尹相榮 어머니 해주海州 최崔씨 사이 3남 2녀 중 막내로 출생 본명 윤갑병尹甲炳.
1945.	연천공립농업실수학교를 나와 경기도 고양군 초등학교에 취직.
1961.	교직단체(대한교원공제회)의 관리과 책임자로 근무.
1979.	한국일보 신춘문에 수필문예에서 〈오음실 주인〉당선.
1984.	한국수필문학상 수상.
1990.	동포문학본상 수상.
2005.	파긴슨병으로 영면.

•수필집

≪정신과로 가야 할 사람≫ (1983)교음사.
≪서울 뻐꾸기≫ (1990)미리내.
≪발자국≫ (2000)선우미디어, ≪촌모씨의 하루≫ (2004)선우미디어.

•수필선집

≪서투른 초대≫ (1987)교음사.

≪산마을에 오는 비≫ (1995)한마음사.
≪오음실 주인≫ (1999)선우미디어.

•수필이론서
≪수필 어떻게 쓸 것인가≫ (1996)을유문화사.

현대수필가 100인선 · 29
윤모촌 수필선

실락원

초판인쇄 | 2008년 8월 15일
초판발행 | 2008년 8월 25일

지은이 | 윤 모 촌
펴낸이 | 서 정 환
펴낸곳 | 좋은수필사

주 소 | 서울시 종로구 익선동 30-6
　　　　운현신화타워 빌딩 3층 305호
전 화 | 02)3675-5635, 063)275-4000
등 록 | 1984년 8월 17일 제28호
홈페이지 | http://www.shin-a.co.kr
e-mail | essay321@hanmail.net

값 7,000원

ISBN 978-89-5925-298-5　04810
ISBN 978-89-5925-247-3　(전 100권)

* 저자와 협의하여 인지는 생략합니다.
* 잘못된 책은 바꿔 드립니다.